Leidenschaft für Schönheit

Gartenträume in Sachsen-Anhalt

# LEIDENSCHAFT FÜR SCHÖNHEIT

## GARTENTRÄUME IN SACHSEN-ANHALT

HERAUSGEGEBEN VON
**CHRISTIAN JURANEK**

IN VERBINDUNG MIT
HEIKE TENZER,
KATRIN DZIEKAN,
FELICITAS REMMERT UND
STEPHANIE ELGERT

FOTOGRAFIEN VON
**JANOS STEKOVICS**

VERLAG JANOS STEKOVICS

# „Hier ist's jetzt unendlich schön …" – Gartenträume in Sachsen-Anhalt

Was Johann Wolfgang Goethe empfand, als er in den Wörlitzer Anlagen lustwandelte, drückte er mit den Worten aus, die über diesen Zeilen zitiert werden. Aber sie werfen nur ein Glanzlicht auf die Vielfalt, die den Parks und Gärten des Landes Sachsen-Anhalt zu eigen ist. Nicht nur räumlich, sondern auch in der Geschichte ihrer Entstehung und der phänomenologischen Breite ihrer Erscheinung könnte man von einer Gartenkunst-Europareise in nur einem Bundesland sprechen.

Sachsen-Anhalt erscheint überhaupt als ein Land der Vielfalt, auch wenn dies oft von außen kaum bemerkt wird. Als Bundesland ist es ein künstliches Gebilde, was vor allem seiner verwirrenden Territorialgeschichte geschuldet ist. Die Gründung der preußischen Provinz Sachsen im Jahre 1815 war von vornherein ein Gewaltgriff des preußischen Staates, um die neu gewonnenen und dem Königreich Sachsen abgenommenen territorialen Einheiten zusammenzuformen. Aber bis 1803 war der Erzbischof von Magdeburg, abwechselnd mit dem Herzog zu Braunschweig, der kreisausschreibende Fürst des niedersächsischen Reichskreises gewesen, der weite Teile des heutigen sachsen-anhaltischen Raumes umfasste. So unterschiedliche Territorien wie die der Bistümer Halberstadt, Merseburg, Naumburg, Zeitz und des Erzbistums Magdeburg (und ihrer Nachfolgeformen), der vier anhaltischen Fürstentümer, eines Teiles des Fürstentums Braunschweig-Wolfenbüttel, von Teilen des Kurfürstentums Hannover und ehemals kursächsischer Lande wurden mit der altpreußischen Altmark zu einem neuen Bundesland zusammengesetzt.

All das hatte und hat aber auch herausragende Vorteile: Die scheinbare territoriale Zersplitterung bewirkt eine Vielzahl an kulturellen Zentralorten. Es ist eben nicht nur eine Residenzstadt, die Impulse ausstrahlt, es sind derer sehr viele. Und fast jede dieser Städte präsentiert sich nicht nur in Hofhaltungs-Gebäuden, sondern auch in prächtigen Gärten.

Private Impulse sind mitverantwortlich für diesen Reichtum an Gartenkunst, der nicht selbstverständlich ist. Man denke nur an die größte Rosensammlung der Welt in Sangerhausen oder den ältesten alpinen Garten, der sich eben nicht im Alpenraum, sondern auf dem Brocken befindet.

Im Jahr 2000 hat das Land Sachsen-Anhalt eine Initiative unter dem Titel „Gartenträume – Historische Parks in Sachsen-Anhalt" ins Leben gerufen. Neu an diesem Projekt war nicht nur der Wille, die „Gartenträume" zu einer Markensäule im Landestourismus zu entwickeln, sondern überhaupt die von vornherein konzipierte Zusammenarbeit zwischen Gartendenkmalpflege, behutsamer Wiederherstellung der historischen Parkanlagen und gemeinsamer touristischer Entwicklung und Vermarktung. Parallel dazu hat sich mit einer Geschäftsstelle in Magdeburg der „Gartenträume e. V." als Zusammenschluss der einzelnen Gärten und Parks etabliert, der über die Jahre die entscheidende Konstante für die Kontinuität des Projektes darstellte.

Im Jahr 2020 jährt sich zum 20. Mal das Jubiläum der Gründung der Gartenträume-Initiative. Gärten wollen mit allen Sinnen erfahren werden, deshalb sind sie kaum medial zu vermitteln. Am ehesten können großformatige Fotobände einen Eindruck von ihrer Schönheit und ihrem Charakter geben. Umso erstaunlicher ist es, dass außer sehr verdienstvollen Reiseführern zu den Gartenträume-Stationen bis heute kein Bildband erschienen ist. Darum haben zum Jubiläum die Staatskanzlei und das Ministerium für Kultur des Landes Sachsen-Anhalt die Initiative der Schloß Wernigerode GmbH aufgegriffen und für die Entstehung eines repräsentativen Bildbandes gesorgt.

Ohne das künstlerisch ansprechende und umfassende Bildarchiv des Verlegers und Fotografen Janos Stekovics aus Dößel im Saalekreis wäre ein solches Vorhaben zum Scheitern verurteilt gewesen. Ohne die verschiedenen jahres- und tageszeitlichen Stimmungen seiner Bilder wäre das Buch in so kurzer Zeit überhaupt nicht realisierbar gewesen.

Als Herausgeber danke ich daher dem Fotografen sehr herzlich für seine – wie immer – herausragenden Bildschöpfungen. Ich danke ebenso herzlich dem zuständigen Staatsminister Rainer Robra und dem Staatssekretär Dr. Gunnar Schellenberger. Ohne ihre Unterstützung hätte dieses Buch nicht erscheinen können. Weiterhin beigetragen hat Prof. Dr. Armin Willingmann, Minister für Wirtschaft, Wissenschaft und Digitalisierung des Landes Sachsen-Anhalt, in dessen Ressort das Thema Tourismus angesiedelt ist – und damit auch das Gartenträume-Projekt.

Für die Gartenträume-Ausstellung auf Schloß Wernigerode und an anderen Orten des Landes wurde eine Arbeitsgruppe gebildet, für deren Aktivitäten ich ebenfalls danken möchte: Heike Tenzer, Referentin für Gartendenkmalpflege am Landesamt für Denkmalpflege und Archäologie Sachsen-Anhalt, Felicitas Remmert, Geschäftsführerin des Gartenträume e. V., ihre Mitarbeiterin Stephanie Elgert sowie Katrin Dziekan, Kustodin auf Schloß Wernigerode.

Allen Interessierten wünsche ich eine lustvolle Reise durch die Vielfalt der Gartenkunst in Sachsen-Anhalt.

Christian Juranek

◄

Nymphäum im Wörlitzer Park

►►

Schlafender Hermaphrodit auf einer Insel im Wallwitzsee

# Ein Garten-Traum

Versteckt zwischen Bäumen liegt auf einer Insel im großen Wallwitzsee im Dessauer Georgium ein versteinertes Wesen. Verlockend zeigt es die weichen Linien seines entblößten Körpers. Ob es im Traum auf jemanden wartet, der zu ihm eilen möchte? Wehe dem! Denn wenn der Zauber noch hält, wird er fortan sein Schicksal teilen.

Aus der Unerfahrenheit eines Jünglings und dem gierigen Verlangen von Salmakis, einer Nymphe, erschuf die Antike ein Mischwesen, den nach seinen Eltern Hermes und Aphrodite benannten Hermaphroditen. Nachdem die in ihrem maßlosen Begehren vom noch Unerfahrenen Zurückgewiesene ihren verzweifelten Wunsch nach körperlicher Vereinigung an die Götter gerichtet hatte, verschmolzen die beiden nackten Körper untrennbar. Als der entsetzte Jüngling merkte, dass er im Wasser zum Zwitter geworden war, erflehte er einen Zauber von den Göttern: Jedem Mann, der mit dem Wasser des Teiches in Berührung kommt, solle es ebenso ergehen.

Die im Gartenreich des Fürsten Franz versinnbildlichte Toleranz spricht auch aus dieser mythologischen Geschichte – ein Traum in einem Garten-Traum. Sie ist nur eine von vielen, die in den Parks und Gärten von Sachsen-Anhalt versteckt sind und die dazu einladen, entdeckt zu werden …

# Sachsen-Anhalt – Ein gartenhistorischer Streifzug

Sachsen-Anhalt zählt zu den denkmalreichsten Ländern der Bundesrepublik Deutschland. Dazu gehört eine beeindruckende Anzahl an Zeugnissen der Gartenkunst aus mehreren Jahrhunderten. Dabei sind stets überregionale Wechselbeziehungen zwischen Garteneigentümern und -künstlern zu verzeichnen.

Die politisch-territoriale Gliederung Sachsen-Anhalts im 18. und 19. Jahrhundert führte dazu, dass Architekten, Landbaumeister und Gartenkünstler hauptsächlich der preußischen und sächsischen Königshöfe, aber auch des Braunschweiger Hofes auf unserem heutigen Territorium tätig wurden. Zeitgenössische Inventarien und Berichte zeigen, dass die Schlossanlagen der kursächsischen Sekundogenituren Weißenfels, Zeitz und Merseburg von Gartenanlagen umgeben waren. Mit Ausnahme des Schlossgartens in Merseburg sind von deren aufwendigen gartenkünstlerischen Gestaltungen heute nur noch wenige Relikte erhalten geblieben.

Unser Bundesland ist durch eine Vielzahl landschaftlich überformter Barockgärten und romantisch-sentimentaler Parks geprägt. Anfang des 20. Jahrhunderts entstanden bedeutende Landhaus- bzw. Architektengärten, um nur einige Vertreter des weiten Spektrums der Gartendenkmale zu nennen. Zu den bedeutendsten Pflanzensammlungen Europas gehört zweifellos das 1903 gegründete Rosarium Sangerhausen. Eine ganz andere Pflanzensammlung beherbergt der älteste botanische Garten im damaligen Preußen, der sich in Halle (Saale) befindet und 1998 sein 300-jähriges Bestehen feiern konnte.

Stellvertretend für die in Sachsen-Anhalt tätigen bedeutenden Vertreter der Gartenkunst seien Peter Joseph Lenné (1789–1866), Eduard Petzold (1815–1891), August Eyserbeck (1762–1801) und die Gärtnerfamilie Schoch sowie die Gartendirektoren Walther von Engelhardt (1864–1940) und Emil Berckling (geb. 1869) genannt. Direkten Einfluss auf die Gartengestaltungen ihrer Zeit nahmen beispielsweise die Architekten Carl Frühling (1839–1912), Bernhard Sehring (1855–1941), Hermann Muthesius (1861–1927) und Paul Schultze-Naumburg (1869–1949). Die verschiedenen Garteneigentümer hatten europaweite Beziehungen zu anderen Residenzen und Königshöfen. Genannt seien die Kontakte zwischen den Niederlanden und dem Oranienbaumer Fürstenhof, Fürst Franz und seine Erfahrungen in England, Frankreich und Italien, die italienischen Einflüsse in Ballenstedt und auf der Roseburg.

Vor allem die Landesverschönerung des Fürsten Franz weckte die Neugier außerhalb seines Fürstentums. In den Herbergen der Romantik in Halle und Halberstadt trafen sich Künstler, Dichter und ihre Verehrer aus ganz Deutschland. Denkt man über Gartenkunst und Landesverschönerung nach, dann dürfen neben den Künstlern und Mäzenen bedeutende Wissenschaftler, Dendrologen, Botaniker und Forstwissenschaftler nicht vergessen werden. Zu den zuletzt Aufgeführten zählen vor allem Johann Georg von Langen (1699–1776) und dessen Schüler Hans Dietrich von Zanthier (1717–1778). Beide waren im 18. Jahrhundert im Harz und in Norwegen tätig. Von Langen und von Zanthier leisteten Pionierarbeiten im Hinblick auf eine nachhaltige und planvolle Forstwirtschaft.

Die Geschichte der gartenkünstlerischen Ideen aus dem heutigen Sachsen-Anhalt reicht nachweisbar bis in das 16. Jahrhundert zurück. Die älteste schriftliche Erwähnung von künstlerisch gestalteten Gärten auf unserem Territorium überliefert Johann Peschel. Seine aus dem Jahr 1597 stammende „Gartenordnung" gilt als das genaueste Handbuch zur Anlage von Ziergärten. Die in seinem Buch erwähnten und dargestellten Gärten, sämtlich im heutigen Sachsen-Anhalt bzw. in Thüringen gelegen, sind heute leider nicht mehr erhalten.

Nicht das Schloss, sondern der dazugehörige Garten war es, der im 17. Jahrhundert den Namen Hessen weit über die Grenzen des Herzogtums Braunschweig-Lüneburg bekannt machte. Mit der 1648 erschienenen „Beschreibung des ganzen Fürstl. Braunschw. Gartens zu Hessen" verfasste Johann Royer (1574–1655) eines der wichtigsten Zeugnisse der Geschichte des Gartenbaus und der Botanik des 17. Jahrhunderts. Die zehnseitige Beschreibung des Hessener Lustgartens zählt zu den wenigen überlieferten Zeitdokumenten fürstlicher Gärten des Manierismus und der Renaissance in Deutschland. Royers Katalog der annähernd 2000 Pflanzen, die zwischen 1607 und 1648 in Hessen durch ihn gehegt und gepflegt wurden, ist von großem wissenschaftlichen Wert.

Im letzten Kapitel des Buches werden die in der näheren Umgebung liegenden Orte beschrieben, an denen man die begehrten Kräuter und Pflanzen finden konnte. Es handelt sich dabei um die älteste überlieferte systematische Beschreibung der Flora des nördlichen Harzvorlandes. Die überlieferte Pracht des manieristischen Gartens in Hessen war nur von kurzer Dauer. Pläne aus dem 18. Jahrhundert zeigen noch seine Grobgliederung. Heute ist die gartenhistorisch wertvolle Substanz im Boden verborgen.

Auch der Name des großen Theoretikers der Gartenkunst Christian Cajus Lorenz Hirschfeld (1742–1792) ist mit dem Land Sachsen-Anhalt verbunden, speziell mit Halle. Er weilte von 1756 bis 1763 in der Stadt, um an den Franckeschen Stiftungen und an der Universität zu lernen und zu studieren. Der anglo-chinoise Garten im Schlosspark Oranienbaum, der frei nach Hirschfelds Empfehlungen und Chambers Berichten angelegt wurde, lockt bis in die Gegenwart Kunstinteressierte nach Oranienbaum.

Erwähnt wurde bereits die nicht nur für das 18. Jahrhundert beispielhafte Landesverschönerung des Fürsten Franz von Anhalt-Dessau. Angeregt durch eigene Reisen und vielseitige Kontakte, schufen der Fürst und sein Baumeister Friedrich Wilhelm von Erdmannsdorff gemeinsam mit kunstfertigen Gärtnern ein noch heute in vielen wesentlichen Teilen erlebbares Gesamtkunstwerk, in dem sich die Philosophie des 18. Jahrhunderts widerspiegelt. Weiträumige Sichtbeziehungen und Alleen erschließen eine durch Schlösser und Staffagebauten, englische Parkanlagen, Weideflächen, Obstanlagen, Wiesen mit Solitärbaumbepflanzungen, Deiche und von Gehölzkulissen gesäumte Flüsse und Seen kunstvoll geformte Landschaft. Die umfangreichen Eindeichungen der Flüsse wurden dabei durch Fürst Franz als Grundlage und Element der Landesverschönerung aufgegriffen. Die gartenkünstlerisch gestalteten Landschaftsräume zwischen den Parks – die Wörlitzer Anlagen, der Sieglitzer Berg, der Georgengarten mit Beckerbruch und der Großkühnauer Park – bilden die verknüpfende Basis für das Gesamtkunstwerk.

Die Wörlitzer Anlagen als ein in seiner kulturhistorischen Dimension einzigartiger Garten der Aufklärung gelten als frühester und größter Landschaftsgarten nach englischem Muster auf dem Kontinent. Sie stellen eine Enzyklopädie des deutschen und internationalen Geisteslebens dar. Das Gartenreich Dessau-Wörlitz ist „… ein herausragendes Beispiel für die Umsetzung philosophischer Prinzipien der Aufklärung in einer Landschaftsgestaltung, die Kunst, Erziehung und Wirtschaft harmonisch miteinander verbindet …" So begründete das UNESCO-Welterbekomitee die Aufnahme der Kulturlandschaft in die Welterbeliste.

Im ehemaligen innerdeutschen Grenzgebiet befindet sich der Schlosspark Harbke. Die ursprünglich barocke Anlage wurde ab 1760 im Auftrag der Familie von Veltheim landschaftlich umgestaltet. Besondere Aufmerksamkeit legte man in Harbke auf die Kultivierung ausländischer Gehölze. Die botanische Sammelleidenschaft der Familie von Veltheim führte bereits im frühen 18. Jahrhundert zu einem regen Interesse an fremdländischen Gehölzen und zu forstbotanischen Experimenten. Pflanzen aus der sogenannten Harbkeschen wilden Baumzucht findet man heute noch in den frühen Landschaftsgärten des 18. Jahrhunderts. Zu den in Harbke erhalten gebliebenen dendrologischen Kostbarkeiten zählt der wohl älteste Ginkgo Deutschlands.

Gartenkünstlerische Innovationen ganz anderer Art gingen von Magdeburg aus. Dort entstand zwischen 1825 und 1835 auf dem Gelände des zerstörten Klosters Berge der nach einem Entwurf von Peter Joseph Lenné angelegte erste Volksgarten im deutschsprachigen Raum. Dieser Meilenstein in der Geschichte der Gartenkunst war deutschlandweit Vorbild für spätere Auftraggeber. Auch der Ballenstedter Schlosspark ist eng mit dem Namen Lenné verbunden. Hier entstand sein wohl bedeutendstes Alterswerk. Mit einer fulminanten Wasserachse verbindet er Elemente des italienischen Manierismus mit denen des Landschaftsgartens.

Auch Eduard Petzold wirkte in mehreren Gärten Sachsen-Anhalts, wobei der Schlosspark Langenstein einen besonderen Stellenwert innerhalb seines gartenkünstlerischen Schaffens einnimmt. Auf seine Langensteiner Erfahrungen im Umgang mit den Pflanzungen des Pleasure grounds griff er bei späteren Gartengestaltungen zurück. Lenné und Petzold, die beide zu den bedeutendsten Gartenkünstlern des 19. Jahrhunderts gehören, wenden sich in ihren Entwürfen für Ballenstedt und Langenstein in Ansätzen dem sogenannten Gemischten Stil zu, d. h. der Verbindung des Landschaftsgartens mit formal gestalteten Bereichen. In diese Stilrichtung der Gartenkunst gehört auch der Stadtpark Tangerhütte. Er entstand Ende des 19. Jahrhunderts im Auftrag der Familie von Wagenführ, Besitzer der dortigen Eisenhütte. Eine gartenkünstlerische Besonderheit des Parks stellt seine Ausstattung mit Erzeugnissen der Eisenhütte dar. Ein vergleichbares Beispiel eines Industriellenparks befindet sich nur noch in Hanau. Einmalig für unsere Region ist der gusseiserne Pavillon im Tangerhütter Park. Mit ihm wurde die Kunst des Eisengusses auf der Pariser Weltausstellung präsentiert.

Die erwähnten Anlagen sind nur einige Beispiele für den besonderen Charakter vieler historischer Garten- und Parkanlagen in Sachsen-Anhalt. Dieses Buch widmet sich ausschließlich den Anlagen des denkmalpflegerisch-touristischen Landesprojektes „Gartenträume – Historische Parks in Sachsen-Anhalt". Indem sich die Öffentlichkeit mit Interesse dem Thema der historischen Gärten zuwendet, entsteht eine Lobby zum Schutz und Erhalt dieser ohne Pflege vom Untergang bedrohten Kleinode.

Heike Tenzer

▶▶

Klostergarten Michaelstein

# Alles zu Nutzen

## Von der Faszination der Pflanzen

Pflanzen bilden eine Grundlage der menschlichen Existenz. Früh schon erkannten die Menschen ihre umfassende Nutzbarkeit. So wurden viele Gärten zu Horten für medizinische Anwendungen, dann zu Schatzorten für seltene Kostbarkeiten. Schließlich wurden Exotik und Rarität zu Themen des Sammelns und des Anbaus. Am Ende steht die wissenschaftliche Beschäftigung mit der Flora. In besonders wichtigen Fällen paart sich das alles zu gestalterischer Schönheit in der Präsentation der Pflanzen.

# Schlosspark Krumke

Ein vergoldetes schmiedeeisernes Tor heißt die Gäste im Schlosspark Krumke willkommen. Der malerische Landschaftspark rund um das neugotische Schloss beherbergt zahlreiche Relikte aus seiner ehemals barocken Gestaltung. Dazu gehören das Kavaliershaus, das Steinkabinett, die Orangerie, zahlreiche Skulpturen und die berühmte, rund 400 Jahre alte Buchsbaumhecke. Zauberhafte Frühlingsblüher, Rhododendren und eine schöne Herbstfärbung machen den Park besonders attraktiv.

Alleen und Bosketts, getrimmte Eiben und Buchsbäume, Baumriesen, Zitronen- und Orangenbäume, die wohl älteste Buchsbaumhecke Europas und vom einstigen Haupttor die Sichtachse zum Schloss mit Garten und Gutshof: Im altmärkischen Krumke an der Biese ließen die Herren von Kannenberg, Besitzer der Anlage seit 1649, vom französischen Landschaftsarchitekten Charles Lanon ihren barocken Park gestalten.

Schlosspark Krumke

Krumke ist heute eingemeindet in die Hansestadt Osterburg, von der aus man in westlicher Richtung auf einer von Linden gesäumten Allee ins dörfliche Ensemble des früheren Rittterguts mit dem elf Hektar großen Landschaftspark gelangt. Die Plastiken darin verleihen ihm etwas rätselhaft Romantisches. Hervorhebenswert ist Bacchus, der auf einem Weinfass reitet.

In der zweiten Hälfte des 18. Jahrhunderts übernahm die Familie von Kahlden die Anlage. Sie ließ das neugotische Schloss mit Landschaftspark errichten. Pflanzungen seltener Baumarten wie Stechpalme, Gingko, Sumpfzypresse und Blutbuche, die noch heute die Anlage bereichern, gehen auf die Familie zurück.

Schlosspark Krumke

# Schlosspark Harbke

Der ursprünglich barocke Lustgarten wurde ab 1760 in einen ca. sechs Hektar großen Landschaftspark umgewandelt. Damals hatte die „Harbkesche wilde Baumzucht" als überregionaler Pflanzenlieferant besondere Bedeutung. Wertvolle Gehölze aus jener Zeit sind bis in die Gegenwart erhalten. Die im neogotischen Stil erbaute Orangerie ist heute Konzertkulisse und Café.

Den Mittelpunkt des ehemaligen Grenzortes Harbke in der Börde nahe Helmstedt bilden Schloss, Schlosshof und Schlosskirche sowie der sie umgebende Park. Hier wirkte über Jahrhunderte die Familie von Veltheim, wie schon seit dem Beginn des 14. Jahrhunderts nachgewiesen ist. In der Mitte des 18. Jahrhunderts wurde die Anlage von Nachfahren barock umgestaltet und erhielt ihren noch heute aktuellen Grundriss.

Hecken und Laubengänge, geordnete Beete, Alleen und die erhaltene Chinesische Mauer, eine die Obstbäume schützende Nischenwand mit der Sandsteinfigur der römischen Göttin der Früchte Pomona: Etwa sechs Hektar umfasst das seit 1740 nach einem Großbrand umgestaltete Areal. Ab 1830 wurde mit dem Bau der neugotischen Orangerie begonnen.

Friedrich August von Veltheim ließ sich ab 1750 fremdartige Bäume liefern, die in Harbke gepflanzt wurden. Einige dieser Raritäten sind hier noch heute zu finden, etwa der wohl älteste Gingko Deutschlands nahe der Kirche. Nach diesen Baumlieferungen aus dem Ausland sind einige der Waldflächen benannt worden. Auch Goethe war hier, um diese „wilde Baumzucht" kennenzulernen.

Schlosspark Harbke

# Brockengarten, Wernigerode (Brockenplateau)

Der Brockengarten wurde 1890 zu Forschungs- und Lehrzwecken und als Schauanlage für Pflanzen der Hochgebirge aus aller Welt gegründet. Heute schützt und bewahrt er außerdem vom Aussterben bedrohte und sehr seltene Pflanzen. Der Garten umfasst rund 1500 Pflanzenarten, darunter die Brockenanemone oder den Wellensittich-Enzian.

Der Brockengarten ist einer der ältesten auf die Präsentation von Hochgebirgspflanzen spezialisierten Gärten in Europa. Allmählich hat er sich von einem Schau- und Versuchsgarten in einen Naturschutzgarten gewandelt, der einer Renaturierung der Brockenkuppe diente.

▲◄

Der Wellensittich-Enzian (Gentiana farreri) hat seine Heimat im Hochland von Tibet. Die Blüten öffnen sich im Brockengarten meist erst im September.

▲

Die exotisch anmutende Einblütige Pantoffelblume (Calceolaria uniflora) stammt aus Patagonien.

◄

Niedrige Jahresdurchschnittstemperaturen, Sturm, Raureif und Schnee lassen die Fichten am Brocken nicht viel höher als 5 Meter wachsen.

▼

Die Amur-Nelke (Dianthus amurensis) ist in Sibirien zu Hause und blüht im Brockengarten im September und im Oktober.

▲ Die Beete im Schauteil des Brockengartens beherbergen Pflanzenarten aus den Hochgebirgen der Welt.

▲ Die Hemlocktanne im Versuchsteil des Brockengartens wurde 1890 gepflanzt.

◄ Das Alpen-Edelweiß (Leontopodium nivale) ist u. a. im Balkangebiet verbreitet.

► Der in den Pyrenäen verbreitete Vandellis Mannsschild (Androsace vandelli) ist ein schwer kultivierbares Primelgewächs.

▼ Die Hummel verdeutlicht, wie klein die Blüten des Stengellosen Leimkrauts (Silene acaulis) sind.

▼ Die Brockenanemone (Pulsatilla alpina ssp. alba) kommt deutschlandweit nur auf dem Brocken vor.

Brockengarten, Wernigerode (Brockenplateau)

◄ Die Schopfteufelskralle (Physioplexis comosa) gehört, auch wenn man ihr das nicht ansieht, zur Familie der Glockenblumengewächse. Die südlichen Kalkalpen sind ihr natürlicher Standort.

► Der Illyrische Alpenmohn (Papaver alpinum ssp. kerneri) wächst in den südlichen Kalkalpen, bevorzugt in Kalkschuttfluren.

▼ Der Seguier-Hahnenfuß (Ranunculus seuieri) besiedelt in den Südwestalpen und den Westalpen bevorzugt feuchten Felsschutt.

◄ Die Silberdistel (Carlina acaulis ssp. caulescens) ist Mitte der 1950er Jahre in den Garten gepflanzt worden.

▼► Die Clusius-Primel (Primula clusiana) ist ein Endemit der nördlichen Kalkalpen.

▼ Der Gegenblättrige Steinbrech (Saxifraga oppositifolia var latina) blüht oft schon Anfang Mai im Brockengarten.

◄ Das Braunrote Stachelnüsschen (Acaena microphylla) wird auch „Kupferteppich" genannt.

► Die schönste Zeit im Brockengarten ist der Mai, wenn u. a. das Stengellose Leimkraut (Silene acaulis) blüht.

▼ Die aus Südafrika stammende Milford-Strohblume (Helichrysum milfordiae) wurde 1995 erstmals in den Brockengarten gepflanzt.

Brockengarten, Wernigerode (Brockenplateau)

# Klostergärten Michaelstein, Blankenburg (Harz)

Zum gärtnerischen Kern des ehemaligen Zisterzienserklosters Michaelstein gehören ein Kräutergarten, ein Gemüsegarten und ein Apfelgarten. Sie wurden zwischen 1989 und 2010 nach mittelalterlichen Plänen neu angelegt und zeigen eine Vielzahl an historischen Heilpflanzen sowie Gemüse-, Obst- und Ackerpflanzen. Der von einem Kreuzgang umschlossene Klosterinnenhof und die Ausstellung „Klostergärten: Entwicklung – Nutzung – Symbolik" ergänzen das Angebot für Garteninteressierte. Klausur, Gärten und Musikausstellung laden ganzjährig als Museum ein.

Klostergärten Michaelstein, Blankenburg (Harz)

Abseits urbanen Lebens bildet das Kloster Michaelstein ein besuchenswertes Refugium. Das der Musik und der inneren Einkehr gewidmete Ensemble ist von Teichen, Wald und Wiesen umgeben. Umringt von historischen Mauern, präsentiert sich die Anlage als romantischer Ort mit Kreuzgang, Museum und klösterlicher Raumaufteilung.

Mittelalterliche Quellen wurden der Gestaltung und Bepflanzung der Klostergärten zugrunde gelegt. Südlich der Klausur wurde in sonnigem und windgeschütztem Bereich auf 800 Quadratmetern der Kräutergarten neu angelegt. Gemäß der einstigen Klosterapotheke wachsen hier ca. 260 verschiedene Arten von Kräutern und Heilmitteln, die einen betörenden Duft aussenden.

Eine sinnliche Begegnung mit mittelalterlichen Kochgewohnheiten und der damaligen Mönchsküche ermöglicht der Gemüsegarten mit etwa hundert unterschiedlichen Pflanzen. Diverse Gemüse-, Obst- und Getreidesorten sind hier zu finden. Historische Sorten gibt es im Apfelgarten zu entdecken, den eine blühende Blumen- und Kräuterwiese umgibt. In thematischen Führungen durch die Gärten ist viel über die Entwicklung, Nutzung und Symbolik von Klostergärten zu erfahren.

Klostergärten Michaelstein, Blankenburg (Harz)

Der Gemüsegarten präsentiert mit ca. hundert verschiedenen Pflanzen wichtige Zutaten der mittelalterlichen Mönchstafel, insbesondere die „feinen" und die „gewöhnlichen" Gemüse, Getreide und Obst.

Der Apfelgarten zeigt eine Auswahl historischer Apfelsorten, umgeben von einer dauerblühenden Kräuter- und Blumenwiese.

# Stiftsgärten Quedlinburg

Von den blühenden Gärten auf dem Quedlinburger Schlossberg aus hat man herrliche Aussichten auf die Fachwerkstadt Quedlinburg (UNESCO-Welterbe) und die weiteren Stiftsgärten: Der Abteigarten verbindet den Stadtkern Quedlinburgs mit dem Brühlpark, einem Landschaftspark mit barockem Jagdstern. Einmalig ist dort die Bärlauchblüte im Frühsommer.

Stiftsgärten Quedlinburg

Der Schlossgarten wurde um 1930 in streng geometrischer Form des alten Renaissancegartens erneuert und durch neue Ideen erweitert.

Stiftsgärten Quedlinburg

2006 wurde die barocke Gartenachse durch den Abteigarten wieder hergestellt. Seitdem ist das Ensemble der Stiftsgärten wieder als Dreiklang erlebbar.

Von den Terrassen am Schloss schweift der Blick in den Abteigarten. Dass dieser Garten im Erwerbsgartenbau genutzt wurde und in der Saatzucht internationale Bedeutung erlangte, erscheint heute unwirklich.

Im Brühlpark setzt sich die Gartenachse des Abteigartens gestalterisch fort. Sie erinnert noch an die barocke Gestaltung, die Ende des 17. Jahrhunderts durch Äbtissin Anna Dorothea von Sachsen-Weimar initiiert wurde.

Seit 1831 erinnert das Denkmal für den Dichter und Dramatiker Friedrich Gottlieb Klopstock an einen weiteren Sohn der Stadt. Karl Friedrich Schinkel entwarf es im klassizistischen Stil. Die Porträtbüste fertigte der Berliner Bildhauer Friedrich Tieck.

Das Carl-Ritter-Denkmal im neogotischen Stil wurde 1865 eingeweiht. Es erinnert an den in Quedlinburg geborenen Geografen.

# Europa-Rosarium Sangerhausen

Zwischen Südharz und Kyffhäuser liegt das Reich der Königin der Blumen: das Europa-Rosarium, die größte Rosensammlung der Welt. 1903 wurde es von Botanikern und Rosenfreunden angelegt und umfasst heute mehr als 8600 Rosensorten und -arten auf 13 Hektar Gesamtfläche. Rosige Blumenpracht vom Altertum bis zur Moderne zeigt sich im Schönheitswettstreit um die Gunst der Gäste aus aller Welt. Üppige Parkanlagen, malerische Teiche, Pavillons und Schaugärten machen den Besuch zu jeder Jahreszeit zu einem ganz besonderen Erlebnis.

1898 stellte der Rosenliebhaber und Kaufmann Albert Hoffmann dem Verein der Deutschen Rosenfreunde nicht nur den größten Teil seiner privaten Rosensammlung zur Verfügung, sondern bot diesem auch die Errichtung eines Vereinsrosariums auf einem Gelände an, das von der Stadt zur Verfügung gestellt wurde.

Europa-Rosarium Sangerhausen

Nach mehreren Plänen, die die Anlage Stück für Stück erweiterten, wurde im Juli 1903 die damals 1,5 Hektar große Anlage anlässlich eines Kongresses Deutscher Rosenfreunde eröffnet.

In der Folgezeit wurden neben alten Rosensorten auch Neuzüchtungen und Wildrosenarten aufgenommen.

Um das ständig wachsende Sortiment präsentieren zu können, wurden die Flächen immer wieder erweitert.

Im Alpinum befindet sich der höchste Punkt der Anlage. Von dort überblickt man einen großen Teil des Parks und erlebt, wie er sich in die charakteristische Landschaft der Umgebung fügt.

Bei der Grünen Rose (Rosa chinensis ‚Viridiflora') sind die ursprünglich rosa Blütenblätter einer chinesischen Rose durch Mutation grün geworden. Die Blüte ist mittelgroß, gefüllt und steht meist in Büscheln. Im Verblühen verfärbt sie sich rötlich-bronzen.

Europa-Rosarium Sangerhausen

Ab 1906 ergänzen Plastiken wie z. B. das Heideröschen oder die Hermesbüste der Kaiserin Auguste Viktoria die Parkgestaltung. Viele Exponate, die im Laufe der Jahrzehnte in den Park integriert werden konnten, wurden zu Lieblingen der Besucher.

Nach und nach fügten sich Themengärten wie der Jubiläumsgarten, der Duftgarten oder der ADR-Garten in die Gesamtanlage ein.

Europa-Rosarium Sangerhausen

# Botanischer Garten Halle (Saale)

Der Botanische Garten der Universität Halle besteht seit über 300 Jahren. Er war der erste seiner Art in Preußen. Neben den teils historischen Schauhäusern sind die verschiedenen Freilandpflanzensammlungen sehenswert. Auf dem Gelände befindet sich zudem eine Sternwarte von 1787/88, die von dem Architekten des Brandenburger Tores, Carl Gotthard Langhans, errichtet wurde.

◀

Hirschgeweihfarn (Platycerium angolense)

▼

Alpinumanlage

◀ Kaiserkrone in Frucht

▶ Mauereidechse

▶▼ Stachys lavandulifolia

▶▼▼ Tannenwedel

▼ Rhododendron

Die Geschichte des Gartens begann im 17. Jahrhundert als hortus medicus, in dem Mediziner Arzneipflanzen studierten. 1698 bekam die Medizinische Fakultät einen kleinen Bereich des kurfürstlichen Gartens nördlich der Moritzburg geschenkt, um den Arzneipflanzengarten anlegen zu können.

Ab 1766 entwickelte sich die Anlage zu einem botanischen Garten mit zunehmendem Bestand aus verschiedenen Klimabereichen der Erde.

Universitätskanzler Carl Christoph von Hoffmann kaufte 1787 das gesamte Gelände des kurfürstlichen Gartens. Gewächshäuser und die Sternwarte (Observatorium) konnten errichtet werden. Die Zusammenarbeit und der Austausch mit anderen botanischen Gärten führten zur starken Zunahme des Pflanzenbestandes.

Zwischen 1932 und 1945 wurde der Garten zu einer Forschungsstätte der Morphologie. Eine neue Systemanlage entstand, und südlich des Großen Tropenhauses wurden Sumpf- und Wasserpflanzenbecken gebaut. 1962 entstand das Sukkulenten-Schauhaus, 1968 das Laurophyllenhaus und 1970 das Wasserpflanzenhaus.

Auch in den letzten Jahrzehnten wurden die Flächen umgestaltet. Den Besucher erwarten neben den bereits genannten Einrichtungen eine Farnanlage, Steppen- und Waldsteppenanlagen, asiatische Hochstauden- und Grasfluren, eine Waldanlage, Teiche und Becken mit Freilandwasser- und Sumpfpflanzen sowie Beete mit winterharten Sukkulenten.

Der Botanische Garten Halle entwickelte sich am Ursprungsort zu einer stattlichen Anlage mit über 12 000 Arten auf 4,5 Hektar.

▲ Lobivia

▲▶ Hahnenfuß

◀ Justicia brandegeeana ‚Golden Shrimp'

▶ Costus aus der Familie der Ingwergewächse

▼ Seerosen-Hybride Nymphaea

Botanischer Garten Halle (Saale)

# Kurpark Bad Schmiedeberg

1878 wurde in Schmiedeberg das „Städtische Eisenmoorbad" gegründet. Bereits 1874 legte man den dazugehörigen repräsentativen Park als Garnisonspark an. Dieser wurde mehrfach umgestaltet und erweitert. Magnolienhain, Moor- und Kräuterachse, Rosengarten und Staudenband sind seither reizvolle Gartendetails. Das Jugendstil-Kurhaus von 1907 ist Wahrzeichen der Stadt.

Kurpark Bad Schmiedeberg

Am 28. April 1878 wurde das „Städtische Eisenmoorbad" gegründet. In kurzer Zeit vollzog sich in dem kleinen Ort Schmiedeberg ein grundlegender Wandel: Aus einer ehemals sächsischen Garnisonsstadt wurde der Kurort Bad Schmiedeberg. Heute ist das staatlich anerkannte Moor-, Mineral- und Kneippheilbad einer der beliebtesten Kurorte Mitteldeutschlands.

Als einzige Stadt Deutschlands trägt Bad Schmiedeberg den dreifachen Prädikatstitel „Staatlich anerkanntes Moor-, Mineral- und Kneippheilbad".

Im 19. Jahrhundert, teilweise vor Beginn des Kurbetriebes, erhielten die heutigen Parkbereiche ihre Gestalt. Schon damals wurden viele der noch heute den Park prägenden Bäume und Sträucher gepflanzt.

# Kurpark Bad Dürrenberg

Mit seinen gepflegten Blumenanlagen und Rasenflächen sowie den über 90-jährigen Palmen vermittelt der über 10 Hektar große Kurpark der Solestadt Bad Dürrenberg das Flair des ehemaligen Kurbetriebes. Prägend sind die hölzernen, 12 Meter hohen und mit Reisig gefüllten Gradierwerke. Mit über 600 Meter Länge bilden sie die längste Gradieranlage Deutschlands. Besucher können in salzhaltiger Luft entlang der Gradierwerke und in der Kaltinhalierhalle Kraft tanken und Erholung finden. Weitere Attraktionen des Parks sind der Solezwerg, die Pflaumenbaumlaube, die Blumenuhr, das Palmen- und Vogelhaus, der Springbrunnen sowie Informationen zu archäologischen Funden.

Der Solezwerg steht an der Rückseite der ehemaligen Zerstäuberhalle. Seine Haltung zeigt, dass man den Solebecher (die Sole hatte ein Prozent Salzgehalt und war mit Kohlensäure versetzt) tapfer leeren sollte, um gesund zu werden.

In der ehemaligen Förderanlage, dem nach dem Konstrukteur benannten Borlachturm, befindet sich ein Museum, das über Borlachs Leistungen, die Geschichte der Salzgewinnung und -verarbeitung und den Ort informiert.

Kurpark Bad Dürrenberg

# Domgarten Naumburg

Unmittelbar am Naumburger Dom laden verschlungene Wege zwischen idyllischen Teichen, mittelalterlichen Bastionsmauern und alten Bäumen zum Innehalten ein. Im „Garten des Naumburger Meisters" können Besucher die Pflanzen wiederfinden, die der berühmte Bildhauer von Stifterfiguren, Westlettner und Westchor im Dom so bemerkenswert naturgetreu darstellte.

Im Zwingergarten fällt der Blick auf die Mauern der spätmittelalterlichen Bastion, die den Dom schützte. Die Stauden auf den Mauerkronen, die sorgsam geborgen und wieder aufgebracht wurden, erinnern mit den Obstbäumen und dem Brunnenplatz an die Nutzung des Gartens im 19. Jahrhundert.

Domgarten Naumburg

Der Garten des Naumburger Meisters wurde nach einem Plan von 1908 neu geschaffen. In ihm wurden Beete mit Kräutern und Gemüse angelegt, die bereits in vergangenen Jahrhunderten bekannt waren. Quittenbäume führen entlang einer Wegachse zu einer spätbarocken Tuffsteingrotte, die 2010 saniert wurde.

Der landschaftlich gestaltete Wandelgarten entstand 1886/1900 an den Gebäuden, die zu jener Zeit durch das Domgymnasium genutzt wurden. Folgt man den Wegen zum Küchengarten, kommt man nicht nur an einem steinernen Tisch vorbei, dessen Aufstellung nicht überliefert ist. Unerwartet blicken Köpfe aus dem Grün. Diese stammen aus heutiger Zeit und gehören zu Projekten, die Schülern mehr als nur die Grundlagen der Bildhauerei vermitteln sollen.

# Inszenierte Geschichte

## Besondere Menschen und ihre Gärten

So individuell wie die Menschen sind auch ihre Gärten. Zu allen Zeiten gab es ausgeprägte Persönlichkeiten, die sich nicht nur in Architekturen, sondern auch im Gartenkünstlerischen ausgedrückt haben. Die Spannweite ist groß: Vom Garten als politischem Darstellungsraum über die Präsentation einer Sammelleidenschaft, das bewusste In-Beziehung-Setzen zur Geschichte bis hin zum Ausdruck eigener künstlerischer Kreativität reicht das Spektrum.

# Gutspark Schönhausen

Im Geburtsort Otto von Bismarcks (1815–1898) liegt neben dem Bismarck-Museum der ausgedehnte Gutspark. 1711 wurde er als barocker Lustgarten mit geometrischen Formen und zahlreichen Sandsteinfiguren angelegt. Im 19. Jahrhundert kam ein landschaftliches Parkareal dazu. Bis heute verbindet eine Herkules-Statue die beiden Bereiche.

Kanonen im barocken Gutspark von Schönhausen, im Hintergrund ist der Seitenflügel des zerstörten Schlosses sichtbar.

Im Altmarkdorf an der Elbe ist die zum Schloss gehörende Parkanlage durch Wassergräben, Teiche, Hecken, Treppen und Sandsteinfiguren gegliedert.

Die Familie von Bismarck gehört zu den bekanntesten altmärkischen Adelsfamilien, Sohn Otto schrieb Geschichte. Das Hinterteil des bärtigen Herkules gibt bis heute Zeugnis von einem Jungenstreich des damals 14-jährigen Otto von Bismarck, der 1829 eine Schrotladung auf die Figur abgeschossen haben soll.

Gutspark Schönhausen

# Stadtpark Tangerhütte

Der idyllische Park wurde ab 1870 durch die Fabrikanten Wagenführ und von Arnim angelegt. Er enthält Besonderheiten wie das Deckelvasenrondell, das Mausoleum und den beeindruckenden künstlichen Wasserfall. Prachtvoll begrüßt das Neue Schloss die Parkgäste. Ein Kleinod ist der auf der Pariser Weltausstellung 1889 prämierte Kunstgusspavillon.

Über zwölf Hektar erstreckt sich der Park vor den Toren des ehemaligen Industrieareals, wo der vor Ort gewonnene Raseneisenstein verhüttet wurde. Die Anlage war konzipiert als eine Mischung aus Landschaftspark und formalen Gärten.

Die Sanierung von Bauwerken des Parks und die Restaurierung diverser Ausstattungsstücke versetzten die Anlage in einen gepflegten und sehenswerten Zustand.

Stadtpark Tangerhütte

Wasserfall

Pergola am Schwanenteich
mit Kunstgusspavillon

Blick zum Mausoleum

Schloss, im Vordergrund
Pergola im Neuen Parterre

Stadtpark Tangerhütte

# Parkanlagen in Burg (bei Magdeburg)

1905 hinterließ die Fabrikantenwitwe Albertine Flickschu der Stadt Burg 175 000 Mark zur Schaffung eines öffentlichen Parks. Davon entstanden Anfang des 20. Jahrhunderts der Flickschupark mit seinem prägenden Teich sowie der historische Goethepark. Dazwischen befindet sich der Weinberg als höchste Erhebung und ältester Platz der Stadt. In allen Parkanlagen finden zahlreiche kulturelle Veranstaltungen statt.

Parkanlagen in Burg (bei Magdeburg)

Die Anlagen wurden möglich, weil die Tuchfabrikanten Carl und Albertine Flickschu gut wirtschafteten und wohltätig handelten.

Im Rahmen der Landesgartenschau 2018 wurde die Verbindung von Flickschupark und Altstadt attraktiver gestaltet. Um den historischen Weinberg zu erreichen, der seit 2018 wieder Reben trägt, folgt man den Wegen der Ihlegärten, die Flickschupark und Weinberg verbinden.

Spaziergängern, die die Platanenallee des Flickschuparks entlangschlendern oder im Goethepark Erholung suchen, wird kaum auffallen, dass sie von nur etwa hundert Jahren Parkgeschichte umgeben sind.

Parkanlagen in Burg (bei Magdeburg)

# Schlosspark Ilsenburg (Harz)

Die Gestaltung des Schlossparks Ilsenburg ist an englischen Landschaftsgärten des 19. Jahrhunderts orientiert. Eine Besonderheit ist der weiche Übergang in den angrenzenden Wald. Das alte Graben- und Wegenetz kann man bis heute gut erkennen. Das Schloss- und Klosterareal gehört zu den kulturtouristischen Höhepunkten Ilsenburgs.

Das ehemalige Benediktinerkloster war ein sogenanntes Eigenkloster der Bischöfe des Bistums Halberstadt, dessen Gründung auf eine Schenkung König Heinrichs II. zurückgeht. Es war vor gut 1000 Jahren eines der reichsten und wichtigsten Klöster im Harzraum.

Im 16. Jahrhundert wurde die Klosterkirche stark verändert, in den späteren Jahrhunderten wurden die Klostergebäude vernachlässigt und zum Teil anderweitig genutzt.

Anlässlich der Klostersanierung und des Schlossneubaus ließ Graf Botho zu Stolberg-Wernigerode ab 1860 den Schlosspark neu anlegen und noch heute den Eindruck prägende Bäume pflanzen. In dieses Konzept wurde das ehemalige Benediktinerkloster einbezogen, einschließlich eines alten Graben- und Teichsystems.

Schlosspark Ilsenburg (Harz)

# Klostergärten Drübeck

Rund um die romanische Klosterkirche St. Vitus und die weiteren Klostergebäude – heute unter anderem Tagungsstätte – liegen die Gärten des Klosters Drübeck. Sie wurden weitgehend im 18. Jahrhundert angelegt. Der Klosterhof mit fast 300-jähriger Linde, der anmutige Rosengarten, der blühende Küchengarten, der Garten der Äbtissin und die meditativen Gärten der Stiftsdamen bieten Raum zur Begegnung, zur Besinnung und zum Gartengenuss.

Romanik am nördlichen Harzrand: Streuobstwiesen und die Klostermauer umgeben die in den Ortskern von Drübeck integrierte, schon ab dem Jahr 960 nachzuweisende Klosterkirche St. Vitus mit ihrem seit 1170 existierenden zweitürmigen Westbau. In der Folge des Bauernkrieges war die Anlage säkularisiert worden. Es dauerte bis zum 18. Jahrhundert, ehe die Wirtschafts- und Wohngebäude neu gebaut und das Amtshaus, die Konventsgebäude sowie Hof- und Gartenareale neu gestaltet wurden.

Ein 1737 gezeichneter Plan dokumentiert die Außenanlagen. Fünf mit einem Wegekreuz gestaltete, mauerumschlossene Blumengärten als Orte für Einkehr und Besinnung der Stiftsdamen waren von jeweils einem Gebetshaus her einsehbar. Ein Baumgarten und ein Garten der Äbtissin mit Eibenlaube und Pavillon waren im Süden des Klosterkomplexes angelegt.

Aus späterer Zeit stammt der regelmäßig gestaltete intime Rosengarten mit Buchsbaumhecken und Brunnen im einstigen Baumgarten.

Kloster Drübeck dient heute mit Pastoralkolleg, pädagogisch-theologischem Institut, Medienzentrum und Haus der Stille als Begegnungs- und Tagungsstätte.

Klostergärten Drübeck

# Landschaftspark Spiegelsberge, Halberstadt

Ab 1763 ließ Domdechant Ernst Ludwig Freiherr von Spiegel die heutigen Spiegelsberge aufforsten und nach und nach die Parkarchitekturen errichten, die für einen frühen Landschaftspark typisch waren. Erhalten geblieben sind bedeutende Gebäude wie das Jagdschloss mit dem ältesten Riesenweinfass der Welt, der Aussichtsturm Belvedere, das Mausoleum und die Eremitage.

Auf einem Höhenzug südlich der Stadt gelegen, präsentierte sich noch vor den Wörlitzer Anlagen ab 1761 der im englischen Stil angelegte Landschaftspark als einer der frühesten in Deutschland. Hier wirkten die Aufklärung und freimaurerisches Gedankengut als Anreger. Bereits im Jahr 1771 öffnete Domdechant Spiegel seinen Park für die Öffentlichkeit.

Landschaftspark Spiegelsberge, Halberstadt

Den Park kennzeichnen eine hügelige Bodenbeschaffenheit und die Vielzahl der Staffagen. Vielfältige kleine Bauten wurden als Blickfänge in die Landschaft gestellt: die Eremitage mit unterirdischen Grotten, Belvedere als Aussichtsturm, ein Badehaus oder das Mausoleum mit dem Sarg des Stifters. Darauf steht: „Er lebte geliebt von allen Menschen".

Repräsentativen Festen diente das Jagdschlösschen auf dem Bergkamm. Das gigantische Weinfass im Keller gilt mit einem Volumen von 144 000 Litern als ältestes Riesenweinfass weltweit.

▶▶

Belvedere als Aussichtsturm

▼

Mausoleum von Ernst Ludwig Freiherr von Spiegel

Landschaftspark Spiegelsberge, Halberstadt

# Roseburg, Ballenstedt Rieder

Die Roseburg wurde 1907 vom Architekten Bernhard Sehring im Stil einer mittelalterlichen Burganlage erbaut. In der Anlage wurden Gartengestaltungen verschiedener Jahrhunderte zitiert. Neben einer imposanten Wasserachse sowie einem Mausoleum mit Aussichtsturm gehören Brücken, Treppen, Balustraden, Plastiken und Mosaiken zur Ausstattung des märchenhaft wirkenden Parks.

Bernhard Sehring begann 1907 mit dem Bau des Anwesens. Es sollte ihm als Sommersitz und Aufstellort seiner Sammlungen dienen. Von dieser Leidenschaft profitiert der Park noch heute, denn viele Exponate blieben trotz mehrmaligem Besitzerwechsel erhalten.

Erholsame Wege führen an imposant inszenierten Bauten vorbei. Der Spaziergang wird zur Zeitreise. Nicht nur ein Amor mit verbundenen Augen, auch verliebte Putten warten auf den Besucher, der sich wenig später im Zentrum von römischen Büsten befindet.

Roseburg, Ballenstedt Rieder

Seit 2008 unterstützt ein Förderverein die Unternehmerfamilie Illmer bei der Pflege. Gemeinsam wurde dieser Gartentraum saniert, und zusammen wird man ihn weiter erhalten und entwickeln.

# Schlosspark Ballenstedt

Als ein hochrangiges Beispiel der Gartenkunst des 18. und 19. Jahrhunderts umrahmt der 29 Hektar große Park die spätbarocke Schlossanlage Ballenstedts. Herausragendes Parkelement ist die formale Wasserachse im Stil italienischer Villengärten, geplant von Peter Joseph Lenné. Sehenswert sind außerdem die sanierte Schlossmühle und der gusseiserne Löwe von Gottfried Schadow.

Schlosspark Ballenstedt

Der natürliche Höhenunterschied von fast 40 Metern wurde in der Gestaltung aufgegriffen und ermöglicht weite Ausblicke in das angrenzende Landschaftsschutzgebiet des Harzes.

Bereits 1765 begann man, den Schlossberghang landschaftlich anzulegen. Die Pflanzungen der Gehölze wurden durch Ruheplätze und naturnahe Wege ergänzt.

Unweit der sanierten Schlossmühle trifft man auf die Löwenskulptur, die an Erweiterungen ab 1840 erinnert.

Bis 1863 gestaltete man nach Plänen Lennés die Terrassen am Nordhang. Aus dieser Gestaltungsperiode blieben Teiche, Wege, die Wasserachse mit der Drachenfontäne und die Treppenanlage erhalten.

Schlosspark Ballenstedt

# Landschaftspark Degenershausen

Der 12 Hektar große Landschaftspark ist ein dendrologisches Kleinod mit mehr als 175 Arten und Gattungen heimischer und exotischer Gehölze. Die Anlage enthält markante Einzelbäume, blühende Wiesen und einen kleinen Teich. Besonders sehenswert sind der 16 Meter hohe weiße Obelisk, der an den Parkgründer Degener erinnert, und der Staudengarten mit internationalen Pflanzenzüchtungen.

1835 ließ der Amtsrat Johann Christian Degener auf seinen Ländereien ein Gut errichten was dem Ort den Namen gab. Wenig später folgte der erste Park, der heute ungefähr dem inneren Park entspricht. 1860 wurde der erste Obelisk an zentraler Stelle errichtet. Er erinnert an den Parkgründer, der seinen Besitz testamentarisch zu einem unveräußerlichen, unteilbaren Familienstiftungsvermögen bestimmte. Der heutige Obelisk ist ein Nachbau. Die Nachfahren achteten das Erbe und bereicherten den Park durch seltene Gewächse, durch neue Wegeführungen und Teichanlagen.

Landschaftspark Degenershausen

# Schlossgärten Stolberg (Harz)

Zu den Gärten des Stolberger Schlosses gehören die Terrassengärten und der Waldpark. Die Terrassengärten durchliefen mehrere Gestaltungsphasen vom barocken Garten über die landschaftliche Gestaltung bis hin zum formalen Garten der Moderne. Üppige Staudenbeete, ein großzügiges Wasserbecken und Landschaftsweitblicke prägen die originelle Gartenschöpfung.

Dass in alten Gärten die Zeit nicht stehen bleiben muss, beweist Stolberg. In den 1930er Jahren wurde der Privatgarten der Fürstenfamilie geprägt durch den Gartenarchitekten Heinrich Wiepking-Jürgensmann.

Schlossgärten Stolberg (Harz)

Die Sonnenterrasse erhielt einen Pool, der heute durch einen flachen Wasserspiegel nachempfunden wird. Obwohl Hecken und Stauden noch fehlen, ist der Entwurf nachvollziehbar.

Großzügige, von Staudenbeeten und Hecken gerahmte Rasenspiegel breiteten ihre Flächen aus vor hohen Hainbuchenhecken, die an Treillagen gezogen wurden. Der Windschutz, der in so exponierter Lage notwendig ist, besitzt noch heute torartige Öffnungen, die die Aussicht in die Landschaft ermöglichen.

Schlossgärten Stolberg (Harz)

# Schlosspark Köthen

Prägnante alte Bäume, Frühblüher und ein romantischer Schlossgraben laden das ganze Jahr zum Spaziergang rund um das Schloss Köthen ein. Es ist aus einer frühmittelalterlichen Burg hervorgegangen und wurde ab Ende des 16. Jahrhunderts im Renaissance-Stil neu erbaut. Der angrenzende Schlosspark, ursprünglich eine formal gestaltete Renaissance-Anlage, wurde im 19. Jahrhundert grundlegend umgestaltet zum Landschaftspark nach englischem Vorbild.

Eine Brücke führt über den Schlossgraben und durch das Torhaus in den inneren Schlosshof. Der Graben umgab vermutlich schon die mittelalterliche Wasserburg, die nach dem Brand 1547 durch einen Neubau ersetzt wurde.

Das Denkmal für Fürst Ludwig I. von Anhalt-Köthen steht auf dem Schlossplatz.

Der jüngste Sohn von Fürst Joachim Ernst von Anhalt förderte besonders die Landwirtschaft und ab 1606 legte er den berühmten Schlossgarten an.

Er war Gründungsmitglied der Fruchtbringenden Gesellschaft und zugleich ihr erstes Oberhaupt, womit Köthen 1617 Sitz derselben wurde.

Ab 1878 wurde der fürstliche Garten in einen Stadtpark umgewandelt. Wege wurden angelegt, die Blicke auf die Schlossgebäude und Brücken ermöglichen. Sie führen zu Denkmalen wie dem für den Vogelkundler Johann Friedrich Naumann.

Durch den Torbogen des ehemaligen Marstalls betritt man den äußeren Schlosshof, der heute der Musik gewidmet ist. Die Architekten Bussmann + Haberer entwarfen das Veranstaltungszentrum in der klassizistischen Hülle der alten Reithalle. Der akustisch herausragende Johann-Sebastian-Bach-Saal erinnert an den Hofkapellmeister, der in Köthen viele seiner bekannten Werke schuf.

Schlosspark Köthen

# Schlosspark Ostrau

Der Park des Barockschlosses Ostrau wurde ab 1760 als englischer Landschaftspark angelegt. Zahlreiche Gräben und Teiche sowie alte Bäume und besondere Gehölzarten prägen die Anlage. Gedenksteine und Gräber erinnern an die Familie von Veltheim als Parkeigentümer. Die „Winterling-Tage" im Februar und März gehören zu den Höhepunkten des Jahres.

Die ältesten Bereiche der Gartenanlagen liegen vor der Schlossinsel. Historische Quellen erwähnen im 16. Jahrhundert einen der Versorgung dienenden Baum- und Kräutergarten. Vom Lustgarten aus dem 17. Jahrhundert blieben Umfassungsmauern, das vasengeschmückte Eingangsportal und Relikte eines Pavillons.

Um 1760 wurde der Garten nordöstlich des Schlosses zu einem Landschaftspark nach englischem Vorbild umgewandelt.

In den 1830er Jahren ergänzte ein System aus kleineren Teichen und Kanälen die Anlage. Exotische Bäume, darunter Gelbe Pavie, Ginkgo und Magnolie wurden gepflanzt. Einige bereichern noch heute den Park.

Letzte Umgestaltungen führte die Familie Veltheim 1927 durch. Philosophisch inspirierte Wege wie der Goethe-Weg, der Dr.-Rudolf-Steiner-Weg und der Pfad der Ferne, der abrupt an der Mauer am Schlossgraben endet und so den Blick in eine metaphysische Ferne lenkt, wurden angelegt.

Fast so berühmt wie die gelben Teppiche der Winterlinge im Frühjahr sind die schwarzen Schwäne, die ihre Bahnen auf den Teichen des Parks ziehen.

# Historische Kuranlagen und Goethe-Theater Bad Lauchstädt

Die bau- und gartenkünstlerische Anlage wurde von 1776 bis 1787 vom Merseburger Stiftsbaumeister Johann Wilhelm Chryselius geschaffen. Parkteich, Pavillons, Kursaal, geschnittene Baumalleen und Kolonnaden prägen den reizvollen östlichen Teil der Anlage.
Der beschauliche westliche Teil des Parks ist landschaftlich gestaltet. Die historischen Kuranlagen schließen das über 200-jährige Goethe-Theater mit ein.

Historische Kuranlagen und Goethe-Theater Bad Lauchstädt

Büste von Christiane von Goethe, geb. Vulpius, im Kurpark

Das 2020 restaurierte Goethe-Theater

Herzogpavillon

Auf Befehl der Herzogin Erdmuthe Dorothea von Sachsen-Merseburg wurde die um 1700 entdeckte Heilquelle gefasst. Noch heute bildet der Brunnen den Mittelpunkt des architektonischen Ensembles. Eine mit barocken Putti geschmückte Balustrade aus dem Jahr 1777 begrenzt ihn. Der Brunnen wird von Quell- und Duschpavillon flankiert. Der 1780 vollendete Kursaal erhebt sich hinter ihm.

Die 1787 fertiggestellten Kolonnaden befinden sich an der Laucha, die dem Ort den Namen gab.

Historische Kuranlagen und Goethe-Theater Bad Lauchstädt

# Urbane Oasen

Vom Traum des Grüns in der Stadt

Mit der industriellen Revolution beginnt seit dem späten 18. Jahrhundert auch die Geschichte der Urbanisierung: Immer mehr Menschen leben auf engstem Raum, oft unter dürftigen Bedingungen. Mit der Idee des Grüns in der Stadt verbindet sich der Wunsch nach einer Reform des Lebens, nach Rückgewinnung des ländlichen Naturraumes, nach Erholung. Oft sind es avantgardistische Vorstellungen, die in jenen Jahren den Traum vom Grün in der Stadt neu erkunden.

# Wallanlagen Gardelegen

Entstanden aus alten Wehranlagen, besteht seit dem 19. Jahrhundert der „Grüne Ring" um den mittelalterlichen Stadtkern Gardelegens. Eine über 2,5 Kilometer lange und mehr als 120 Jahre alte Lindenallee führt entlang gepflegter Grünanlagen, dem Rosengarten und den erhalten gebliebenen Teilen der mittelalterlichen Stadtmauer, z. B. dem berühmten Salzwedeler Tor.

Wallanlagen Gardelegen

Salzwedeler Tor

Die Industrialisierung führte zu einem enormen Wachstum der Städte. Mittelalterliche Befestigungsanlagen wurden rückgebaut. Die Wallanlage wurde zu einer Promenade umgestaltet, die vorhandenen Friedhöfe wurden geschlossen.

Wallanlagen Gardelegen

# Herrenkrugpark Magdeburg

Der Herrenkrugpark ist seit fast 200 Jahren ein beliebtes Ausflugsziel der Landeshauptstadt Magdeburg. Mächtige alte Bäume prägen den im Stil eines englischen Landschaftsgartens angelegten Park. Teppichbeete und das rekonstruierte historische Parkrestaurant am Herrenkrug-Hotel machen die Attraktivität der Parkanlage zu Beginn des 20. Jahrhunderts wieder erlebbar.

Das Wärterhaus aus dem 18. Jahrhundert wurde zum Wirtshaus. Die vornehmlich land- und forstwirtschaftliche Nutzung wich Erholungszwecken. Nach dem Ende der napoleonischen Kriege wurde ein Garten im englischen Stil geschaffen rund um den Herrenkrug. Er lädt noch immer zur Einkehr ein.

Peter Joseph Lenné und Rudolf Schoch, Gartenkondukteur der Dessauer Anlagen, wurden 1829 für die weitere Gestaltung des Parks engagiert. In den Jahren danach wuchs die Anlage mehr und mehr bis zu einer Größe von 41 Hektar. Die Gartendirektoren Paul Niemeyer und später Gottlieb Schoch arbeiteten an einer einheitlichen Gestaltung des weitläufigen Areals.

Herrenkrugpark Magdeburg

Mit seinem umfangreichen System von Fuß-, Rad- und Reitwegen war der Herrenkrugpark zu Beginn des 20. Jahrhunderts eines der am meisten geschätzten Ausflugsziele in der Stadt an der Elbe. Zudem war die Anlage seither per Straßenbahn erreichbar. Die Teppichbeete am Rondell sind historischen Vorbildern nachgestaltet. Heute bildet hier das neue Herrenkrug-Hotel ein Zentrum der Anlagen.

Der Baumbestand, den Gottlieb Schoch in seinem „Verzeichnis der Gehölze in den öffentlichen Gärten und Parkanlagen Magdeburgs" noch mit 622 Gehölz-, darunter 370 Baumarten, für den Herrenkrug angab, steigert den Reiz. Ein dendrologischer Lehrpfad und ein botanischer Schulgarten sind diesen Parkbesonderheiten gewidmet. Seit der Bundesgartenschau 1999 ermöglicht die Herrenkrugbrücke den Zugang auch von den linkselbischen Stadtteilen.

Herrenkrugpark Magdeburg

# Elbauenpark Magdeburg

Der Elbauenpark wurde zur 25. Bundesgartenschau 1999 eröffnet. Neben Blumenschauen bietet der Park eine Vielfalt an Gartenarchitektur und Kunst in den Themengärten. Die großzügigen Sport- und Spielanlagen sowie Attraktionen wie Jahrtausendturm, Sommerrodelbahn, Kletterfelsen und Kletterpark sorgen für Abwechslung. Auch das Schmetterlingshaus und das Damwildgehege sind beliebte Ausflugsziele. Mehrere Ausflugslokale laden zum Verweilen ein, und mit dem Elbauen-EXPRESS geht es bequem von Station zu Station. Beliebt sind Großveranstaltungen wie Lichtzauber sowie Familienfeste und Konzerthöhepunkte.

Obwohl das Gebiet des Großen und Kleinen Cracauer Angers eine lange Historie hat, zählt der Elbauenpark zu den jüngsten Zielen der Gartenträume. Das Auengelände, dessen Wiesen einst als Weideland genutzt wurden, grenzt an den Herrenkrugpark. Von hier aus wurden im 19. Jahrhundert die benachbarten Ziegeleien mit Ton beliefert. Die preußische Armee ließ auf dem Gelände exerzieren und Schießübungen durchführen.

Hier schaffte es der Ingenieur Hans Grade im Oktober 1908 mit dem ersten deutschen Motorflugzeug auf eine Höhe von 8 Metern zu steigen. Sechs Jahre später landete ein erstes Zeppelinluftschiff auf dem Cracauer Flugplatz. Nach dem Zweiten Weltkrieg war die Rote Armee auf dem durch Trümmerschutt um 5 Meter erhöhten Gelände des Cracauer Angers stationiert.

Nach der Räumung von alter Munition entstand hier ein beliebtes Erholungsgebiet mit vielfältigen Möglichkeiten: zwei bis vier Meter hohe Wälle im Nordosten der Parkanlage, die Seebühne, das Schmetterlingshaus, Themengärten, Kunstwerke in der Landschaft, Messehallen, Sommerrodelbahn, Kletterpark, Skaterparcours, vielfältige gastronomische Einrichtungen, das angrenzende Freizeitbad „Nautica" und der Jahrtausendturm als neues Wahrzeichen der Landeshauptstadt Sachsen-Anhalts.

Elbauenpark Magdeburg

# Stadtpark Rotehorn Magdeburg

Der weitläufige Landschaftspark Rotehorn liegt mitten in Magdeburg auf einer Elbinsel und bietet mit seinen ausgedehnten Wiesen- und Gehölzflächen hervorragende Erholungs- und Freizeitmöglichkeiten. Vom Albinmüller-Turm aus hat man einen wundervollen Blick über die Parklandschaft. Der Adolf-Mittag-See lädt zu einer gemütlichen Bootsfahrt ein.

Die Architekten Bruno Taut, Paul Mebes, Johannes Göderitz und Albin Müller prägen Anfang des 20. Jahrhunderts mit ihren Entwürfen die Gestaltung des Stadtparks Rotehorn auf einer Elbinsel mit Ausstellungsgelände, Pavillons, Bühnen, Aussichtsturm und einer Festhalle für 4000 Besucher.

Nach den verheerenden Folgen des Zweiten Weltkriegs machte 1946 die Wiederherstellung der Alten Strombrücke das Gelände erneut zugänglich. Gewässer umgeben das mit 220 Hektar zwischen Alter Elbe und Stromelbe gelegene bedeutendste Erholungsgebiet der Stadt. Den Charakter des Parks als Auenlandschaft, dessen größte Teile Wiesenflächen einnehmen, prägen auch künstlich angelegte Gewässer.

Bereits in den Jahren vor und nach dem Beginn des 20. Jahrhunderts hatten sich die Magdeburger Gartendirektoren Paul Niemeyer, Gottlieb Schoch und Wilhelm Lincke der Rotehorninsel gewidmet. Wander- und Reitwege wurden angelegt in der Flussauenlandschaft, deren natürliche Gegebenheiten durch typische Baumpflanzungen wie Ulmen, Weiden und Pappeln hervorgehoben wurden. Der Tempel der Marieninsel und der Adolf-Mittag-See mit Seeterrassen entstanden.

Stadtpark Rotehorn Magdeburg

# Klosterbergegarten und Gruson-Gewächshäuser, Magdeburg

Peter Joseph Lenné legte mit dem Klosterbergegarten am Ufer der Elbe ab 1825 einen der ersten Volksgärten im deutschsprachigen Raum an. Eine landschaftliche Gestaltung mit besonderen Gehölzgruppen und ein restaurierter Teich prägen den Park. Auf dem Gelände befinden sich die Gruson-Gewächshäuser von 1896 mit einer umfassenden Pflanzensammlung.

Klosterbergegarten und Gruson-Gewächshäuser, Magdeburg

Nachdem Baumeister Karl Friedrich Schinkel mit den Plänen zur Errichtung eines Gesellschaftshauses auf dem Gelände des in den napoleonischen Kriegen zerstörten Klosters Berge beauftragt worden war, entstand hier der erste deutsche Volksgarten.

Mit der Planung des Gartens, der zum Vorbild späterer Parkanlagen der Stadt wurde, beauftragte der Magistrat der Stadt Peter Joseph Lenné, an den heute eine Büste im Park erinnert.

In der Nähe befinden sich noch heute die Gruson-Gewächshäuser aus den Jahren 1895/96, die der Industrielle Hermann Gruson der Stadt schenkte. Die dortige Pflanzensammlung umfasst knapp 4000 Arten.

Tiefgreifende Veränderungen für den Park brachte die Industrialisierung mit sich. Die Eisenbahnstrecken nach Berlin und Leipzig trennten den Garten in mehrere Teile und versperrten den Elbzugang. Durch zunehmende Randbebauungen gingen organische Übergänge und einst konzipierte Blicke ins Umland verloren.

Heute machen das grundlegend sanierte Gesellschaftshaus, der Inselteich, die Magistratsstrecke auf der ehemaligen Brache zwischen Elbe und Park, geschwungene Wege und schön arrangierte Pflanzengruppen den Park mit wieder ermöglichten Fernsichten attraktiv.

Klosterbergegarten und Gruson-Gewächshäuser, Magdeburg

# Gärten und Parks in Aschersleben

Im Herzen der ältesten Stadt Sachsen-Anhalts, in Aschersleben, beeindrucken vielfältige Gärten und Parks. Fontänenfeld, Promenaden und Spielflächen beleben die Herrenbreite. Im Bestehornpark ist moderne (Garten-)Architektur zu erleben. Der romantische Stadtpark besticht mit altem Baumbestand, Pflanzenbibliothek, moderner Globusskulptur und Rosarium. Entlang der Stadtbefestigungsanlage umschließt der grüne Promenadenring die historische Altstadt.

Verbindende Elemente der verschiedenen Grünanlagen von Aschersleben sind die Stadt, deren Geschichte und die Kunst. Immer wieder begegnet man Inszenierungen, die Adam Olearius gewidmet sind. Der Theologe, Philosoph und Mathematiker, der 1599 in Aschersleben geboren wurde und in Leipzig studierte, hinterließ an seinem späterem Wirkungsort, dem Schloss Gottorf, Werke, die die Gestalter inspirierten.

n der Herrenbreite werden
n Bahnhofsnähe Olearius'
benteuerliche Reisen nach
ussland und Persien in The-
nenspielplätzen lebendig.

Gärten und Parks in Aschersleben

Olearius' Pflanzenbibliothek nahm im Stactpark in einem Wildstaudengarten, dessen Pflanzen entsprechend ihren Tierkreiszeichen gepflanzt sind, Form an. Den Mittelpunkt dieser Pflanzungen bildet ein Globus, der an einen betretbaren Riesenglobus erinnert. Die Heckengärten entlang der alten Friedhofsmauer mit ihren historischen Grabplatten interpretieren seine Kunstkammer.

# Reichardts Garten Halle (Saale)

Als Privatgarten des Komponisten Johann Friedrich Reichardt (1752–1814) Ende des 18. Jahrhunderts im Stil eines englischen Landschaftsgartens angelegt, wurde das Anwesen durch Gäste wie Goethe und Novalis weit über die Stadtgrenzen hinaus als „Herberge der Romantik" bekannt. Das Charakteristische des Gartens liegt in seinem Netz aus Wegen und Treppen, die an zahlreichen Denkmalen vorbeiführen.

1794 erwarb der Kapellmeister, Komponist und Musikschriftsteller im Ort Giebichenstein das Kästnersche Gut mit umliegendem Gelände. Zwischen 1794 und 1814 gestaltete Reichardt den Garten nach seinen Vorstellungen.

Nach seinem Tod wurde durch die Nachnutzer viel verändert. Wegenetze und Pflanzungen entsprechen mehr dem Gestaltungskonzept Bürgerpark.

In der gut gepflegten Anlage bilden die Reichardt-Büste, der Goethe-Gedenkstein, der Nachtigallen- oder Philomelenstein, zwei Spruchsteine und die Goethebank Gestaltungselemente, die an den Schöpfer des Parks und die „Herberge der Romantik" erinnern.

Reichardts Garten Halle (Saale)

# Amtsgarten Halle (Saale)

Der Amtsgarten zählt zu den ältesten Gartenanlagen im Stadtgebiet Halle. Seine Entstehung reicht bis in die Barockzeit zurück. Die Anlage zeichnet sich durch ihre ruhige und verträumte Atmosphäre aus. Besonderheiten des Gartens sind die thematisch unterschiedlich gestalteten Terrassengärten und die reizvollen Ausblicke vom Römerberg ins Saaletal.

Amtsgarten Halle (Saale)

Amtmann Johann Christoph Ochs von Ochsenstein legte 1740 den Amtsgarten als prächtigen Barockgarten zwischen dem Burggraben der Burg Giebichenstein im Südwesten und dem Klausberg im Nordosten einschließlich Saaleufer und Römerberg an.

Ein Saalehochwasser zerstörte große Teile der Anlage. Amtmann Heinrich Bartel und dessen Sohn Ludwig formten nach 1773 ein romantisch-landschaftliches Erscheinungsbild.

Anfang des 20. Jahrhunderts wurde der Park städtischer Besitz. Auf der Bergkuppe wurde ein Aussichtspunkt eingerichtet. Südlich des Römerberges entstanden terrassenförmig angelegte Themengärten. Rosengarten, Blumengarten und Bauerngarten wurden mit kleinen Sitzplätzen, Rankbögen, Pergolen und Unterständen versehen.

Amtsgarten Halle (Saale)

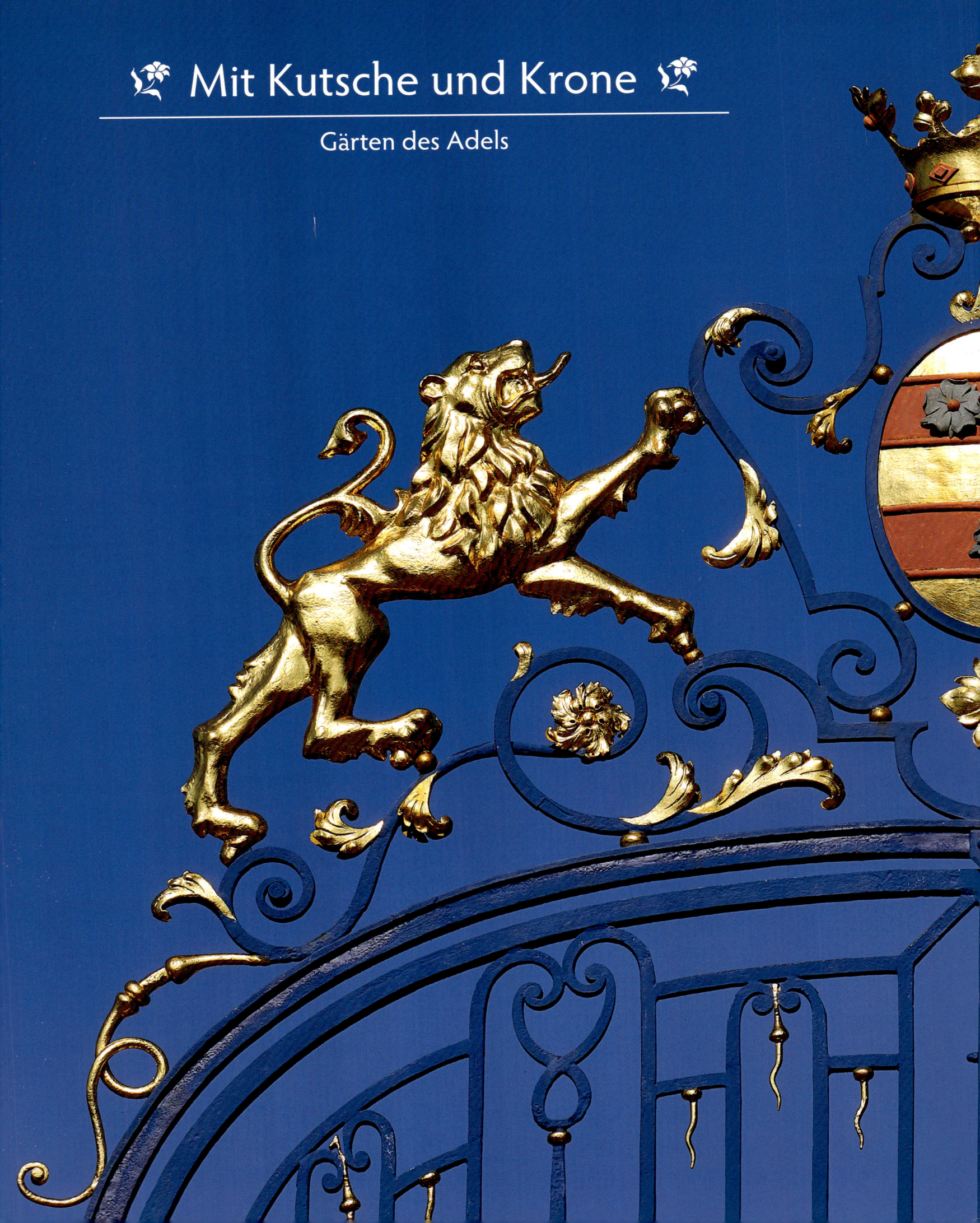

# Mit Kutsche und Krone
## Gärten des Adels

Seit dem Mittelalter ist die Schutz und Schirm bietende Herrschaft des Adels eng mit dem Land verbunden. In der höfischen Gesellschaft des frühneuzeitlichen Absolutismus steigt der Drang der Aristokratie nach Repräsentation. Gärten werden auf allen Rangstufen zu künstlerisch anspruchsvoll inszenierten Außenräumen der Schlösser und Herrenhäuser: vom einfachen Landedelmann über die Grafen und Fürsten bis hin zu den Herzögen und Königen.

# Gutspark Briest, Tangerhütte

Zum ältesten Stammsitz der Familie von Bismarck in Briest gehört ein geschlossener Gutshof mit Renaissanceschloss, Burggraben, Kapelle und Landschaftspark. Der im 19. Jahrhundert entstandene Park wurde nach Plänen Christian Schaumburgs mit einem malerischen Teich, weiten Wiesen, Eichengruppen und angrenzender Feld- und Waldflur gestaltet.

S. 158/159:
Pariser Tor im Barockgarten Hundisburg, Landschaftspark Althaldensleben

Fichten-, Buchen-, Eichenwald und Felder: Mittendrin befindet sich am Rande der Altmarkstadt der Landschaftspark Briest. Das Areal war einst Rittergut und ältester Stammsitz derer von Bismarck.

Gutspark Briest, Tangerhütte

In englischem Landschaftsstil wurde der Park in der Mitte des 19. Jahrhunderts umgestaltet, wie es dem Geschmack jener Zeit entsprach. Es ist faszinierend, wie separierte Areale sich zunehmend offener mit der umgebenden Landschaft verbinden, je weiter sie sich vom Gutshaus entfernen.

Durch eine spezielle Art des Pflügens entstanden in der Gegend die Wölbäcker genannten, 210 Meter langen Bodenstrukturen, die wellenartig die Äcker durchziehen.

Wo das Kopfsteinpflaster vom Dorfplatz zum Gutshof hinleitet, wurde im 17. Jahrhundert das Brauhaus gebaut am Teich, um den ein Rundweg bis zur Begräbnisstätte der von Bismarcks führt. Gravitätische Eiben stehen neben der Kapelle, die bis zurück ins Jahr 1599 verbürgt ist. Die Kapelle Briest wurde als erste evangelische Gutskapelle in der Altmark in Fachwerkbauweise errichtet.

Gutspark Briest, Tangerhütte

# Barockgarten Hundisburg, Landschaftspark Althaldensleben

Schloss Hundisburg bildet mit seinem Barockgarten und dem sich anschließenden Landschaftspark, der am zwei Kilometer entfernten Kloster Althaldensleben endet, ein Gesamtensemble von überregionaler Bedeutung. Aufwand und Pracht des barocken Gartens, Größe und landschaftliche Schönheit des Parks sowie über 150 einheimische und fremdländische Gehölzarten verlocken in jeder Jahreszeit zum Besuch. Das Schloss beherbergt zahlreiche kulturelle Angebote und bietet hochwertige Musikereignisse.

Um Schloss Hundisburg auf dem Schlossberg im Süden der Bördekreisstadt Haldensleben sind Park, landschaftliche Bewegtheit und Garten in eine sehenswerte Synthese gebracht. Die Einbeziehung der Höhenstaffelung des Geländes in drei Terrassen verhilft zu originellen Blicken von malerischer Schönheit.

Die Entstehung der Schlossanlage begann im 12. Jahrhundert. 1452 gelangte Hundisburg in den Besitz der Familie von Alvensleben, die im 16. Jahrhundert das Anwesen zu einem Renaissanceschloss ausbauen ließ. Später wurde das Schloss im Stil des Barock umgestaltet, integriert war der alte Lustgarten. Ab 1740 bildete das Pariser Tor den Blickpunkt am Ende der Hauptachse. Um 1800 wurden mit der Modernisierung der Schlossbauten barocke Elemente zugunsten eines regelmäßigen Stils getilgt.

Am Beginn des 19. Jahrhunderts erwarb der Kaufmann, Unternehmer und Gartenenthusiast Johann Gottlob Nathusius das säkularisierte Kloster Althaldensleben und bald darauf auch Schloss Hundisburg. Zwischen beiden legte er im Tal der Beber einen Landschaftspark an, der für die Bevölkerung öffentlich zugänglich war. Zwei seiner Söhne sorgten nach Nathusius' Tod (1835) für unterschiedliche Entwicklungen der beiden Parkteile.

Barockgarten Hundisburg, Landschaftspark Althaldensleben

# Schlossgärten Wernigerode

Die Wernigeröder Schlossgärten umfassen den ehemaligen Fürstlichen Tiergarten mit dem Flächennaturdenkmal Kastanienwäldchen, den Lustgarten und die schlossnahen Terrassengärten. Die blühenden Terrassen wurden ab 1870 als Architekturgärten angelegt und ermöglichen einmalige Blicke auf den Harz. Im Lustgarten, einem Landschaftspark, findet man noch zahlreiche Relikte seiner ehemals barocken Gestaltung wie das Löwentor oder die Orangerie. In ihrer Vielfalt spiegeln die Wernigeröder Schlossgärten die gartengeschichtliche Entwicklung vom formalen Barock- über den Landschafts- bis hin zum historistischen Höhengarten wider.

Hoch auf dem Schlossberg prangt weithin sichtbar das Schloss als Wahrzeichen Wernigerodes. Es ist von Gärten umgeben: den historischen Terrassengärten, dem einstigen fürstlichen Tiergarten und dem Lustgarten. Sie versinnbildlichen Entwicklungen vom 15. bis ins 19. Jahrhundert. Das Löwentor und die zur Unterbringung von Kübelpflanzen konzipierte Orangerie entstanden in der Zeit des Barock.

Der Architekt Carl Frühling war für den Umbau in den Jahren von 1862 bis 1885 verantwortlich, der Schloss Wernigerode zu einem Leitbau des norddeutschen Historismus werden ließ. Imposante Fernwirkung und verblüffender Detailreichtum im Innern kennzeichnen seither das Ensemble. Der kometenhafte Aufstieg des Grafen Otto zu Stolberg-Wernigerode bis zum Stellvertreter Bismarcks hatte dafür die Voraussetzungen geschaffen.

adikal entschied der Graf 744, das in der Statik überforderte Lustschloss abzureißen, um die Mauer des Lustgartens errichten zu können. Der Neubau eines noch größeren Lustschlosses wurde durch den Siebenjährigen Krieg verhindert. Die Umgestaltung zum englischen Park verlief zögerlich. Wenige Statuen, die nicht verkauft wurden, erhielten ihren Platz im Norden des Gartens.

Bereits im 15. Jahrhundert war ein Tiergarten erwähnt worden, der später mit Palisaden umgeben wurde, um der gräflichen Familie zur Jagd zu dienen. Die genaue Form des schon 1520 nachweisbaren Weingartens ist nicht überliefert. Graf Henrich veranlasste zwischen 1823 und 1839 die Umgestaltung des Lustgartens nach englischem Stil. Um 1873 wurde der Park auf die heutige Größe erweitert.

Um 1590 kaufte Graf Wolf Ernst zu Stolberg ein Lustschloss. Um dieses herum entstanden nach italienischem Vorbild streng gegliederte Beete. 1618 wurde erstmals ein Springbrunnen erwähnt.

Der Neffe des Parkgründers, Graf Christian, nahm 1713 erste Veränderungen vor. Der Park wurde nach französischem Vorbild gestaltet. Ein imposantes Lustschloss wurde auf der mittleren Terrasse errichtet. Ein unterirdisches Küchengebäude und eine Orangerie wurden in den Folgejahren ergänzt. Am 3. August 1738 wurde vor dem Lustschloss ein „Sonnencompass" oder „gnomonischer Aufsatz" aufgestellt. Diese barocke Plastik aus Sandstein beinhaltete zwölf Sonnenuhren. Sie wurde 1790 verkauft.

# Schlossgärten Blankenburg (Harz)

In direkter Nachbarschaft zur historischen Altstadt befindet sich das rund 107 Hektar große Ensemble der Blankenburger Schlossgärten. Oberhalb des Kleinen Schlosses liegt der barocke Terrassengarten mit seiner sprudelnden Wasserachse. Daran schließen sich der Berggarten mit dem Teehaus, die Obermühle und das Große Schloss an. Der modern gestaltete Fasanengarten, der landschaftliche Schlosspark und der Tiergarten runden das einmalige Ensemble ab.

Im hügeligen Vorland des Harzgebirges ist das Ensemble von Schloss und Schlossgärten in Blankenburg ein exzellentes Beispiel für das Zeitalter des Barock in deutschen Kleinresidenzen. Berg-, Fasanen- und Terrassengarten, Schlosspark und Tiergarten ermöglichen vielfältige Blickbeziehungen untereinander und zur in unmittelbarer Nähe gelegenen Stadt.

Sehenswert ist der Terrassengarten aus jener Zeit: wohlproportioniert, versehen mit Treppen- und Maueranlage, Brunnen und Figurenschmuck, ab 1736 auch mit Neptungrotte, Melonenplatz und Treibhäusern, in denen Ananas, Melonen, Feigen und andere sensible Pflanzen gedeihen sollten. Der ebenfalls terrassierte Berggarten war von der Stadtmauer mit den zugehörigen Wehrtürmen begrenzt. Der Schlossteich diente der Wasserversorgung von Mühlen in der Stadt und speiste die Wasserspiele der Gärten.

Am Beginn des 18. Jahrhunderts pflegte hier Herzog Ludwig Rudolph ein höfisches Leben voller Prunk. Nach Plänen von Hermann Korbs (1656–1735) ließ er das Große Schloss errichten, wobei er auf einstige Anlagenteile zurückgriff. In diesem Zusammenhang entstand ab 1718 auch der Lustgarten mit dem ursprünglichen Orangerieplatz. Gut zehn Jahre später wurde das Orangenhaus als bewohntes Gartenhaus umgenutzt.

Schlossgärten Blankenburg (Harz)

Schlossgärten Blankenburg (Harz)

# Schlosspark Pretzsch (Elbe)

Das Renaissanceschloss Pretzsch diente Königin Christiane Eberhardine, der Gemahlin von August dem Starken, zur Hofhaltung. Der Park wurde als barocker Lustgarten zu Beginn des 18. Jahrhunderts angelegt. Später wurde die Anlage landschaftlich überformt. Das Schloss beherbergt u. a. ein Café und ein kleines Museum.

Nicht nur der Schlossgarten zeigt sich in neuem Glanz. Auch Kur- und Löserpark wurden saniert. Die Wege laden zum Spaziergang ein, Pflanzungen sorgen dafür, dass der Besucher im Grünen zur Ruhe kommt.

Schlosspark Pretzsch (Elbe)

# Irrgarten im Gutspark Altjeßnitz

Mitte des 18. Jahrhunderts entstand im Gutspark Altjeßnitz der älteste und größte historische Irrgarten Deutschlands. Etwa 125 Möglichkeiten gibt es, sein Zentrum zu erreichen. Der Irrgarten ist eingebettet in einen 4 Hektar großen Landschaftspark. Die im Gutspark stehende Feldsteinkirche aus dem 12. Jahrhundert ist von malerischen Gehölzen umgeben. Spielmöglichkeiten und Picknickplätze laden zum Familienausflug ein.

Irrgarten im Gutspark Altjeßnitz

1694 erwarb Hans Adam Freiherr von Ende das damalige Rittergut aus dem Besitz des Herren von Reppichau und baute es als Hauptsitz der Familie zu einem vornehmen Landsitz aus. Im Stil des späten Barock entstand eine Schloss- und Parkanlage, darin der Irrgarten.

Wer die Aussichtsplattform im Zentrum des Irrgartens erreicht, wird mit einem Blick über die zwei Meter hohen Hainbuchenhecken und deren enge Wege in den gesamten Park belohnt.

Die romanische Dorfkirche, die im 12. Jahrhundert aus Feldsteinen errichtet wurde, war früher Teil eines Franziskanerklosters.

Zwischen dem alten Baumbestand führen geschwungene Spazierwege zu kleinen Wiesen und an einen Teich mit Halbinsel.

Einige Figuren und Urnen der spätbarocken Anlage blieben erhalten. Eine davon bewacht den Eingang des Irrgartens. Ceres, die römische Göttin der Feldfrüchte, trägt als Erkennungsmerkmal ein Getreidebündel.

# Schlosspark Dieskau

Die 67 Hektar große Anlage entstand 1778 bis 1784 als ausgedehnter Landschaftspark, den mehrere Teiche prägen. Zahlreiche Skulpturen und Kleinarchitekturen schmücken den beliebten Park. Zum Ensemble gehören außerdem das ursprünglich im Renaissance-Stil erbaute Schloss und die im barocken Stil erneuerte Kirche St. Anna.

Die ursprüngliche Anlage wurde durch Wörlitz inspiriert. Carl Christoph von Hoffmann, der durch Heirat in den Besitz des Anwesens kam, war von den Ideen der Aufklärung begeistert. Gern schickte Fürst Franz seinen Landschafsgärtner als Berater nach Dieskau, um den Kanzler der Universität Halle bei den Planungen zu unterstützen.

Wegeführungen, das Wassersystem, der lyrische Baumkreis, der Pleasure ground und diverse Sichten konnten wieder hergestellt werden. Freundschafts- und Gedenkurnen stehen wieder auf Podesten. Das Chinesische Teehaus wurde als metallkünstlerische Nachbildung errichtet.

Flora symbolisiert mit ihrem Lächeln die Hoffnung, dass mit der Zeit noch mehr vom alten Glanz in den Park zurückkehren wird.

# Barockgarten und Landschaftspark St. Ulrich, Mücheln (Geiseltal)

Das Gartenensemble besteht aus einem englischen Landschaftsgarten und einem terrassierten Barockgarten. Prägend für den Barockgarten sind hohe Kalksteinmauern, die den Garten in etwa drei gleichgroße Stufen gliedern. Ein Teehaus in klassizistischem Stil bildet den oberen Abschluss des Terrassengartens. Von hier aus hat man einen schönen Blick auf den Stadtkern von Mücheln.

Barockgarten und Landschaftspark St. Ulrich, Mücheln (Geiseltal)

Der barocke Terrassengarten war unter den Herren von Breitenbauch um das Jahr 1720 gegenüber dem Rittergut und Wasserschloss St. Ulrich als Ort der Ruhe und Besinnung angelegt worden. Daher war dieser früher nur für die Besitzer des Rittergutes und deren Gärtner zugänglich.

In den 1920er Jahren wurden im Rahmen der Sanierung des Wasserschlosses die gärtnerischen und baulichen Anlagen des Gartens neu gestaltet.

Auch spätere Besitzer pflegten und erhielten die Anlagen. Die Nähe zum Schloss und die Lage an der Sonnenseite waren ideal.

Den Landschaftspark machen alte, zum Teil seltene Bäume interessant. Unter ihren Kronen führen schattige Wege wie durch einen Wald.

Barockgarten und Landschaftspark St. Ulrich, Mücheln (Geiseltal)

# Schlosspark Burgscheidungen

Über dem Tal der Unstrut erhebt sich imposant das Barockschloss Burgscheidungen. Entscheidend für die einzigartige Wirkung der Anlage ist der Berghang am Schloss, der mit symmetrischen Wegen, Skulpturen, geschnittenen Bäumen und einer Grotte wie ein italienischer Terrassengarten anmutet. Am Hangfuß befindet sich ein landschaftlich gestalteter Gartenbereich.

Schlosspark Burgscheidungen

1612 und 1625 erhielten die Gebrüder von Hoym von Fürst Johann Georg bzw. Christian I. von Anhalt ihren bereits 1598 verliehenen Anspruch auf Burgscheidungen bestätigt.

Nach wechselvoller Geschichte und verschiedenen Besitzern ging Burgscheidungen 1722 an die Familie von der Schulenburg über, welche daraufhin die Burg zu einem Barockschloss umgestalten ließen. Aus dieser Zeit stammt auch der angrenzende terrassenartig angelegte Schlosspark, der von einem kleinen Kanal abgegrenzt wird.

Burgscheidungen blieb bis 1945 im Besitz der Familie von der Schulenburg.

Der Hang ist nach einem Motiv italienischer Gärten komplett durch Erdterrassen und hangquerende Rampenwege gegliedert. Zentral öffnet sich eine dreibogige Grotte zum Garten. Deren reiche Ausstattung verschwand bereits 1831, weil der Raum als Gruft Verwendung fand.

Vier barocke Plastiken antiker Götter wurden 1955 im unteren Parkbereich aufgestellt, der bereits Ende des 18. Jahrhunderts in einen Landschaftspark umgestaltet worden war. Aus barocker Zeit blieben die umlaufenden Alleen erhalten. Unter den Linden befinden sich beeindruckende Altbäume.

Die Rasenböschungen des Hangs waren mit Figuren geschmückt, die die einzelnen Monate symbolisierten. Von diesen Figuren, die denkmalpflegerisch überarbeitet werden, sind noch zehn vorhanden.

# Schlossgarten Merseburg

Oberhalb der Stadt thront die turm- und giebelreiche Baugruppe von Schloss und Dom zu Merseburg. Der dazugehörige Schlossgarten wurde ursprünglich als barocker Lustgarten und später von Peter Joseph Lenné landschaftlich gestaltet. Er erfuhr 1968 eine Neugestaltung im regelmäßigen Stil. Der Park bietet sehenswerte Ausblicke auf Dom, Schloss und Saale.

Kaiser Otto I. gründete im Jahre 968 das Bistum Merseburg. Bischof Heinrich von Warin ließ das erste Schloss von 1245 bis 1265 erbauen. Unter Bischof Thilo von Trotha erfolgte etwa 1470 bis 1500 der Neubau des Schlosses.

Von der streng formalen Gestaltung, in der der Lustgarten 1661 auf dem Gelände des alten Wirtschaftshofes angelegt worden war, wurde 1968 die Wegeführung erneuert, die sich nun in Haupt- und Querachsen auf die Gebäude bezieht, die im 18. und 19. Jahrhundert errichtet wurden.

Schlossgarten Merseburg

Zwei Obeliskenpaare aus dem 17. Jahrhundert, eine Kopie der Porträtbüste Friedrich Kleist v. Nollendorfs (1825), das Reiterdenkmal für Friedrich Wilhelm III. (1913) und ein 1816 für die Völkerschlacht von Leipzig geschaffenes Denkmal wurden in den 1950er Jahren im Schlossgarten aufgestellt.

Aus barocker Zeit blieben die seitlichen Kastanienalleen erhalten, da Peter Joseph Lenné, der mit der Umgestaltung des Schlossparks 1824/25 beauftragt wurde, sie in seinem Entwurf berücksichtigte. Einzelne Gehölzgruppen oder Nachpflanzungen aus dieser Phase der landschaftlichen Umgestaltung sind noch vorhanden.

Schlossgarten Merseburg

# Schlosspark Moritzburg Zeitz

Das frühbarocke Schloss bildet mit dem gotischen Dom und den Resten der Verteidigungsanlagen ein bemerkenswertes Gesamtensemble. Der angrenzende Schlosspark – Gelände der Landesgartenschau Zeitz 2004 – begeistert durch sein abwechslungsreiches Areal. Zu entdecken sind hier u. a. eine Orangerie mit Barockparterre, ein Lustgarten, ein englischer Landschaftspark, ein Japanischer Garten und großzügige Erlebniswelten für Kinder.

Im 17. Jahrhundert ließ der erste Herzog Moritz von 1657 bis 1678 auf den mittelalterlichen Ruinen einer Bischofsburg seine Residenz errichten. Das Schloss im Stil des italienischen Barock wurde durch Wehranlagen im französischen Stil ergänzt. Außerhalb der Schlossmauern wurde ein barocker Lustgarten mit Küchengarten errichtet. Laubengänge boten schattige Wege, und aus den Blumenbeeten leuchteten die Initialen des Herzogspaares. Zu Beginn des 18. Jahrhunderts kamen die Orangerie mit Barockparterre und die Wasserkunst hinzu.

Bereits in spätbarocker Zeit wurde die fürstliche Anlage verändert. 1782 überbaute der Fabrikant Adolph Ludwig Albrecht den östlichen Teil des Lustparks. Sein Baumeister Christoph Wilhelm Huth errichtete ein barockes Palais und die Manufaktur. Eine Beschreibung des Gartens erwähnt Lindenalleen, Gehölze und einen von Pappeln umstandenen Teich. Ein Badehaus und ein Zwinger waren weitere Gestaltungselemente.

Schlosspark Moritzburg Zeitz

Der Besitzer der Obermühle, Rossner, gestaltete zwischen 1912 und 1935 den westlichen Teil des fürstlichen Lustgartens um. Aus dieser Periode sind die Badegelegenheit am Mühlgraben und die Wildstaudenwiese erhalten geblieben.

Ab 1952 war der städtische Park als Kulturpark öffentlich zugänglich. Letzte Änderungen ermöglichte die Landesgartenschau 2004. Neben Themengärten wurden Anlehnungen an die barocke Nutzung geschaffen.

◂▸

Im Japanischen Garten

Schlosspark Moritzburg Zeitz

Das Bemühen um Natürlichkeit symbolisiert eine europaweite Abkehr vom Absolutismus. Demgemäß wollte der weitgereiste Fürst Franz von Anhalt-Dessau in seinem Gartenreich das Nützliche mit dem Schönen verbinden. Mehr noch: Die vollständige Öffnung und die Umgestaltung eines ganzen Landes unter dem Primat der Gartenkunst bedeuteten für die Menschen nicht nur einen umfassenden Zugewinn an Lebensqualität, sondern auch Realität gewordene Impulse der Aufklärung.

# Ferne Welten ganz nah

## Das Gartenreich Dessau-Wörlitz

# Schlosspark Mosigkau, Dessau-Roßlau

Die reizvolle Schloss- und Gartenanlage von Mosigkau wurde in den Jahren 1752–1757 erbaut. In der Blütezeit des Rokoko entstand hier ein Gebäude- und Gartenkomplex, von dessen ländlichem Charme eine unvergleichliche Ausstrahlung ausgeht. Die Anlage zählt heute zu den letzten weitgehend erhaltenen Rokoko-Ensembles Mitteldeutschlands.

◀◀
Venustempel im Park Wörlitz

1742 schenkte Leopold I. von Anhalt-Dessau seiner Tochter Anna Wilhelmine das alte Mosigkauer Gut der Familie Stubenrauch mit Herrenhaus und Garten. Die Prinzessin bekam von ihrem Vater jährlich 15 000 Taler, die es ihr gestatteten, eine repräsentative Sommerresidenz anzulegen. So konnte 1752 mit den Arbeiten am Schloss als spätbarocker Dreiflügelanlage begonnen werden.

Parallel zum Schlossbau wurden die Gartengestaltungen vom Gärtner Ch. F. Broße durchgeführt. Sie fanden 1757 ihren Abschluss. Broße sollte den vorhandenen Gutsgarten, der in der Querachse zum neu entstandenen Schloss lag, nun in der Längsachse des neuen Schlosses in zeitgemäßer Gartengestaltung anlegen. Der „Kunst- und Lustgärtner" löste diese Aufgabe meisterlich.

In der Luftaufnahme wird das schmale Rechteck der Anlage sichtbar. Zwischen Schloss und Orangerie entstand symmetrisch zum Mittelweg ein dreiteiliges Parterre mit anschließender Boskettzone. Im Zeitgeschmack des Rokoko wurden ein Heckentheater und das Chinesische Teehaus integriert. Die gegenüber liegende Fläche wurde zur „Englischen Parthie".

Nördlich des Ehrenhofes wurden eine Wiese und eine Walnussbaumplantage angelegt. Dieser Bereich des Gartens wurde erst nach der Gründung des Hochadligen Fräuleinstifts durch eine Begräbnisstätte für die Stiftsdamen erweitert.

Schlosspark Mosigkau, Dessau-Roßlau

Durch den Gärtner Johann Gottfried Schoch wurde der Garten zum Landschaftspark. Auch seine Nachfolger gestalteten weiter nach englischem Vorbild. Erst der letzte Gärtner des Stiftes, Carl Krüger, besann sich auf den spätbarocken Ursprung.

Die Parkanlage ist in ihrer Entwicklungsgeschichte zur „Mischanlage" aus unterschiedlichen Phasen vom Barock bis in das 20. Jahrhundert geworden. Pläne aus den 1950er Jahren zeigen Rekonstruktionsvorschläge. Dennoch zählen Schloss und Garten heute zu den letzten noch weitgehend erhaltenen Rokoko-Ensembles Mitteldeutschlands und gehören als Teil des Gartenreiches Dessau-Wörlitz zum Welterbe der UNESCO.

Neben der künstlerischen Einheit von Schloss und Schlosspark sind als weitere historische Bauwerke der klassizistische Tempel, der Wasserturm, das Chinesische Haus, das Gärtnerhaus und die Orangerien in der Wirkung eines großen Portals am südlichen Eingang erhalten.

Bemerkenswert sind der dichte Heckenirrgarten und die alten Hainbuchen-Hecken, die wertvollen Orangeriebestände und die Formgehölze im Ehrenhof.

Schlosspark Mosigkau, Dessau-Roßlau

# Kühnauer Landschaftspark, Dessau-Roßlau

Der Kühnauer Landschaftspark wurde im frühen 19. Jahrhundert am Kühnauer See angelegt. Der Weinberg mit Steinterrassen und dem Weinbergschlösschen – ein italienisch anmutendes Landhaus – bildet den gestalterischen Höhepunkt des Parks. Teil der Anlage ist auch das Ensemble aus Schloss und Kirche von Großkühnau mit kleinem Schlossgarten.

Der Bau des Schlosses Großkühnau wurde 1780 beendet. Zum ehemaligen Gut gehörten ein Küchengarten und eine Obstplantage. Der Gärtner Schoch hatte den Schlossgarten bereits zwischen 1753 und 1765 angelegt.

Erst mit den Gestaltungen am Kühnauer See und der Errichtung der Kirche (1828/29) wurde die Verbindung zwischen Schloss, Schlossgarten und Kühnauer Landschaftspark vollendet.

Erbprinz Friedrich von Anhalt-Dessau verwandelte den Elbauenwald mit weiten Wiesen am Altarm der Elbe in einen Landschaftspark. Die Umsetzung begann 1805 mit einem Obstgarten, der auch als „Burgkühnauer Garten" bezeichnet wurde.

Die Erhaltung der Sichtachsen zur Kühnauer Kirche und zum Kühnauer See ist auch heute eine von vielen Aufgaben.

An den Ufern des Kühnauer Sees entstanden viele Inseln. 1807 wurde auf einer von ihnen ein Fischerhaus errichtet. Heute erinnert nur noch der Name „Fischerinsel" an den Bau.

Kühnauer Landschaftspark, Dessau-Roßlau

Um 1809 wurde der südöstliche Zugang als Löwentor errichtet.

Nach dem Tod Friedrichs setzte dessen Sohn Herzog Leopold Friedrich die Arbeiten fort. Die „Neue Anlage", deren Eingang ab 1818 das Rittertor markiert, ermöglichte die Verbindung nach Dessau.

Bei der Gestaltung des Weinbergs mit den typischen Steinterrassen nutzte man die natürliche Geländeerhebung. Das Weinberghaus wurde als klassizistisches Landhaus mit Säulenhalle und Aussichtsturm nach einem Entwurf des Erdmannsdorff-Nachfolgers Carlo Ignazio Pozzi errichtet. Vom Weinberghaus überblickt man den lang gestreckten Park.

Kühnauer Landschaftspark, Dessau-Roßlau

# Park Georgium, Dessau-Roßlau

Im Georgengarten ist das Prinzip des allmählichen Übergangs vom kunstvoll angelegten Landschaftsgarten in die natürliche Landschaft eindrucksvoll nachvollziehbar. Die Wallwitzburg, der Elbpavillon, der Rundtempel, das Fremdenhaus und das Schloss Georgium, Sitz der Anhaltischen Gemäldegalerie, gehören zu den prägenden Bauten der Anlage.

◀◀◀

Ende des 18. Jahrhunderts entstand nicht nur das Schloss als Landhaus im frühklassizistischen Stil nach Plänen von Erdmannsdorff, auch der Park wurde angelegt. Die Planungen und Umsetzungen lagen in der Verantwortung von Johann Georg Schoch. Johann Friedrich Eyserbeck unterstütze ihn bei der Gestaltung.

◀◀

Würde man eine Linie über die Römischen Ruinen zum Ionischen Tempel ziehen, der als Monopteros mit zehn Säulen gebaut wurde, dann endete diese am Denkmal für Fürst Franz.

▲

Im Gegensatz zum Küchengebäude, von dem nur noch der Säulenaufgang steht, ist die Ruine am westlichen Parkeingang bewusst gesetzt worden. Die „Sieben Säulen" wurden um 1780 als Nachbildung des römischen Vorbilds – Saturntempel am Forum Romanum – errichtet.

◀

Der Park hat zwei Gartenteile, die durch den Fürstenplatz verbunden sind. Dort steht das Denkmal für Fürst Franz. Als römischer Gelehrter blickt er in Richtung des Römischen Bogens, der auch als Weißer Bogen bezeichnet wird. Hinter diesem öffnet sich der Schlossbezirk.

▼

Dort führen Wege zu einer Vielzahl von baulichen Details. In der Nähe des Schlosses, das Ende des 19. Jahrhunderts um zwei Seitenflügel erweitert wurde, sieht man durch die Vegetation das klassizistische Blumengartenhaus.

Die Figur der Kleopatra liegt im Streitwerder. Sie verkörpert wie viele andere Skulpturen im Gartenreich ein Bildungselement. Geschichte und Geschichten werden durch diese verknüpft und über das Erzählen bleiben Fakten in Erinnerung, die weit über die eigene Welt hinaus reichen. Die Statue wurde auf einer Wiese abseits des Weges aufgestellt. Das friedliche Antlitz der dargestellten letzten ägyptischen Pharaonin, die sich lieber durch einen giftigen Schlangenbiss tötete, als ihr Land an das Römische Reich zu übergeben, erinnert an eine Schlafende. Parkbesucher sahen in ihrer Nähe oft Schafe, die für das Abweiden der Flächen in der Gegend eingesetzt wurden. Vermutlich hat der Titel – Schlafende Schäferin – mit seiner einfachen Erklärung mehr Menschen erreicht als der angestrebte Bildungsinhalt.

Park Georgium, Dessau-Roßlau

Bevernvase

Die Farbe des Holländischen Bogens, der auch Roter Bogen genannt wird, wiederholt sich in der Materialwahl von Sitzen und in der Gestaltung der Ruinenbrücke im naturnahen Teil des Parks. Der Beckerbruch ist als Auenwaldpark mit einfachen Wegen, kleinen Wiesen und Gewässern konzipiert. Skulpturen, Urnen und Vasen bilden Blickpunkte, die der Orientierung dienen und den Grundsatz des Zusammenführens unterstützen.

Am Viereckteich

Park Georgium, Dessau-Roßlau

Liegender Hermaphrodit auf einer Insel im Wallwitzsee. Diese weithin unbekannte weil nicht zugängliche Skulptur aus dem 18. Jahrhundert ist neben dem Original im Pariser Louvre und zwei weiteren Kopien im Palazzo Massimo alle Terme und in der Galleria Borghese in Rom eines von nur vier existierenden Exemplaren aus jener Zeit in Europa.

Das Vasenhaus stellt eine architektonische Verbindung zum Georgengarten dar.

Auf dem Weg zur Wallwitzburg kommt man an vielen Ausstattungselementen vorbei. Manche findet man am Wegesrand, andere sind etwas versteckt. Hat man die Wallwitzberge erreicht, kann man als nördlichsten Teil den Streitwerder erkunden.

▶ Lorbeeraltar

▼ Fürstensitz

▼▶ Amor im Beckerbruch

Park Georgium, Dessau-Roßlau

# Park Luisium, Dessau-Roßlau

Das Luisium ist eine idyllische Parkanlage, die Fürst Leopold III. Friedrich Franz von Anhalt-Dessau seiner Gemahlin Luise widmete. Das klassizistische Schloss (1774–1778) ist ein Meisterwerk Friedrich Wilhelm von Erdmannsdorffs. Der Garten wird durch neugotische und klassizistische Gebäude sowie Grotten, gebaute Ruinen und Skulpturen belebt.

Die Vorgängeranlage des Luisiums war ein barocker Park, der Vogelherd genannt wurde. Im Schloss, das vermutlich als Jagdsitz errichtet wurde, verbrachte Fürst Franz einen Teil seiner Jugend. Er stellte 1762 Johann Friedrich Eyserbeck als Hofgärtner für den Park am Vogelherd ein.

Nach seiner Heirat mit Prinzessin Luise Henriette Wilhelmine von Brandenburg-Schwedt begann 1774 die Umgestaltung des Gartens zum Landschaftspark. In dieser Zeit wurde der Vorgängerbau abgerissen und ein klassizistisches Schloss im Stil eines Landhauses erbaut. Mit diesem Meisterwerk setzte sich der Architekt Erdmannsdorff ein Denkmal.

Aus einem Altarm der Mulde formte man den See, über den sich bis heute die Bogenbrücke schwingt.

Anlässlich ihres 30. Geburtstages ging der Landschaftsgarten 1780 an die Fürstin über. Die Anlage wurde in Luisium umbenannt. Der Fürst behielt den Nutzgarten. Die Grenze ist noch heute als Kastanienallee sichtbar.

▶

Faun

▼

Schloss Luisium

Zwei Sandsteinhermen wurden als Eingang zum Luisium aufgestellt.

Nach 1790 ergänzt das Schlangenhaus den Garten.

Im Osten des Parks entstanden ein römischer Ruinenbogen und die Skulptur einer verschleierten weiblichen Figur, die symbolisiert, dass das letzte Geheimnis der Natur nicht aufgedeckt werden kann.

Zwei neogotische Eingangspavillons wurden um 1815 nach dem Tod der Fürstin am Wall nach Wörlitz errichtet.

Park Luisium, Dessau-Roßlau

◄ Am Ruinenbogen

►► Schloss Luisium

▼ Westlich des Parks entstand ein Gestüt im neogotischen Stil. Die Wiesen wurden zur Weide. Um den Park zu schützen, das Nützliche jedoch nicht auszugrenzen, wurde die nötige Mauer in einem Wall verborgen.

Park Luisium, Dessau-Roßlau

# Sieglitzer Berg, Vockerode

Nach 1777 ließ Fürst Franz im Elbbogen westlich von Vockerode einen „Waldpark" anlegen. Ziel war es, eine „geordnete Wildnis" zu schaffen. Zum Garten, der den natürlichen Baumbewuchs in die Gestaltung einbezieht, gehören ebenfalls Kleinarchitekturen und Denkmale. Künstlerisch gestaltete Tore markieren die Eingänge zu der Anlage. Die wieder aufgebaute Solitude wurde 2012 der Öffentlichkeit präsentiert.

Sieglitzer Berg, Vockerode

◄◄
Diana auf dem Wall

◄
Burgtor

◄▼
Solitude

►
Diana im Wald

Fernab von Hektik ziehen sich die Wege durch den Wald, der wie zur Entstehungszeit des Parks der Holzwirtschaft, dem Wild und der Erholung dient. Vier Wälle schützen das Gelände und binden die Erhebung der Anlage in die Auenlandschaft ein. Drei Tore markieren die Hauptzugänge. Eine Solitude, die Erdmannsdorff in der Formensprache eines dorischen Tempels entworfen hat, ist Anfangs- und Endpunkt von Sichten.

Sieglitzer Berg, Vockerode

Majestätisch recken die Solitäreichen ihre Kronen über der Elbaue in den Himmel. So natürlich kann Entwässerung gestaltet sein. Das Alter der Bäume zeigt, dass diese Idee nicht in unserem Jahrhundert entwickelt wurde. Wie gewaltig diese Bäume wirken, wie kraftvoll sie ihren Platz einnehmen, wird erst aus der Nähe sichtbar. Nach Starkregen im Sommer oder bei Nebel verwischen sich ihre Konturen und das Licht zaubert eine besondere Stimmung.

Leben und Vergehen werden bei jedem Sturm, bei Hochwasser oder in Jahren der Trockenheit auf die Probe gestellt. Viele alte Bäume verschwanden bereits und die, die noch Teile des Stammes wie mahnende Finger erheben, erinnern an die Vergänglichkeit des Seins.

Elbwiesen zwischen Dessau und Vockerode

Elbwiesen zwischen Dessau und Vockerode

# Schlosspark Oranienbaum

Oranienbaum ist ein frühes und bedeutendes Barock-Ensemble niederländischer Prägung in Deutschland. Der weitläufige barocke Park beeindruckt mit seiner großen Sammlung von Zitruspflanzen, die im Winter in einer der längsten Orangerien Europas untergebracht sind. Der englisch-chinesische Garten gilt als der einzige erhaltene dieser Art in Deutschland.

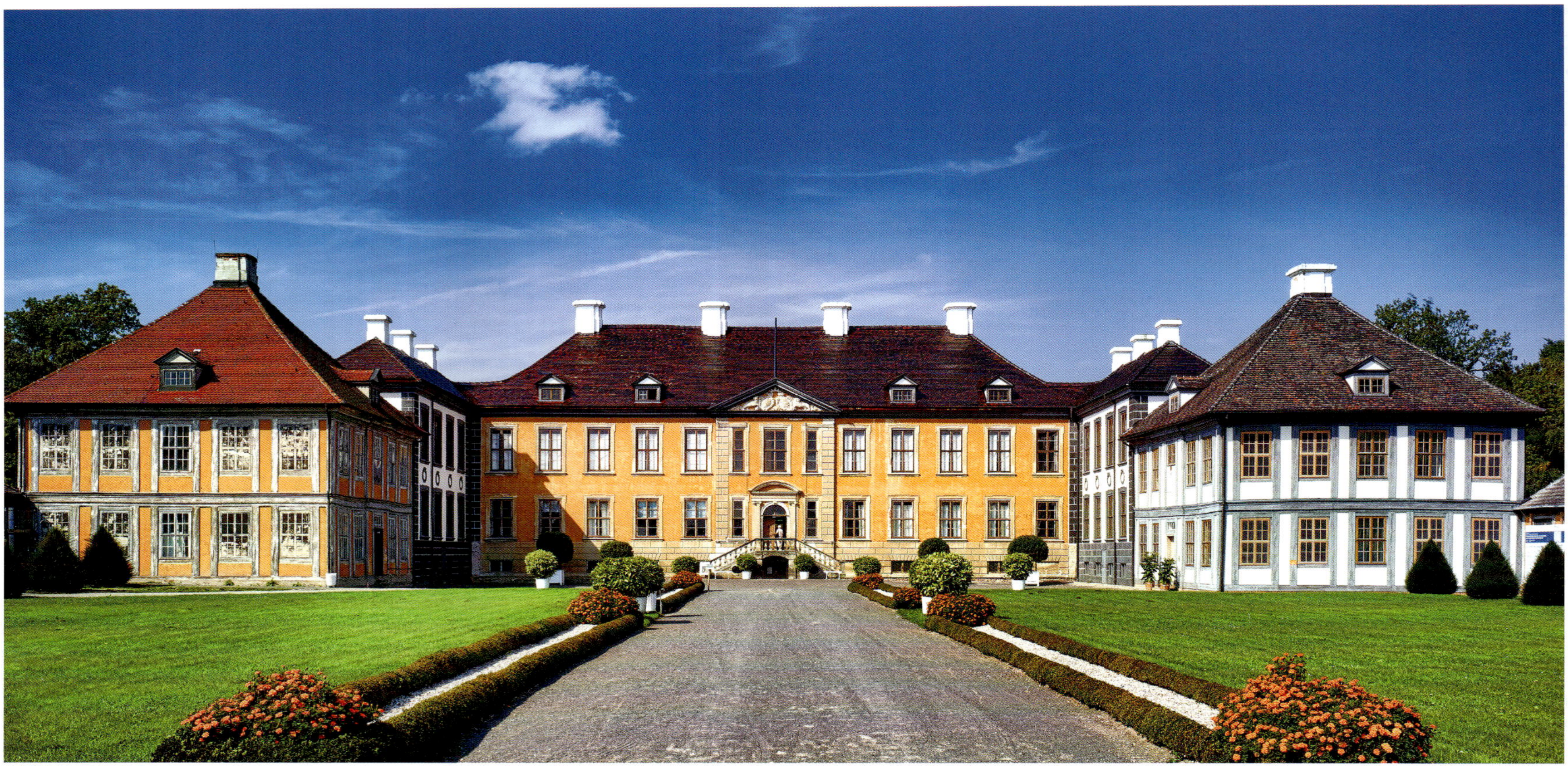

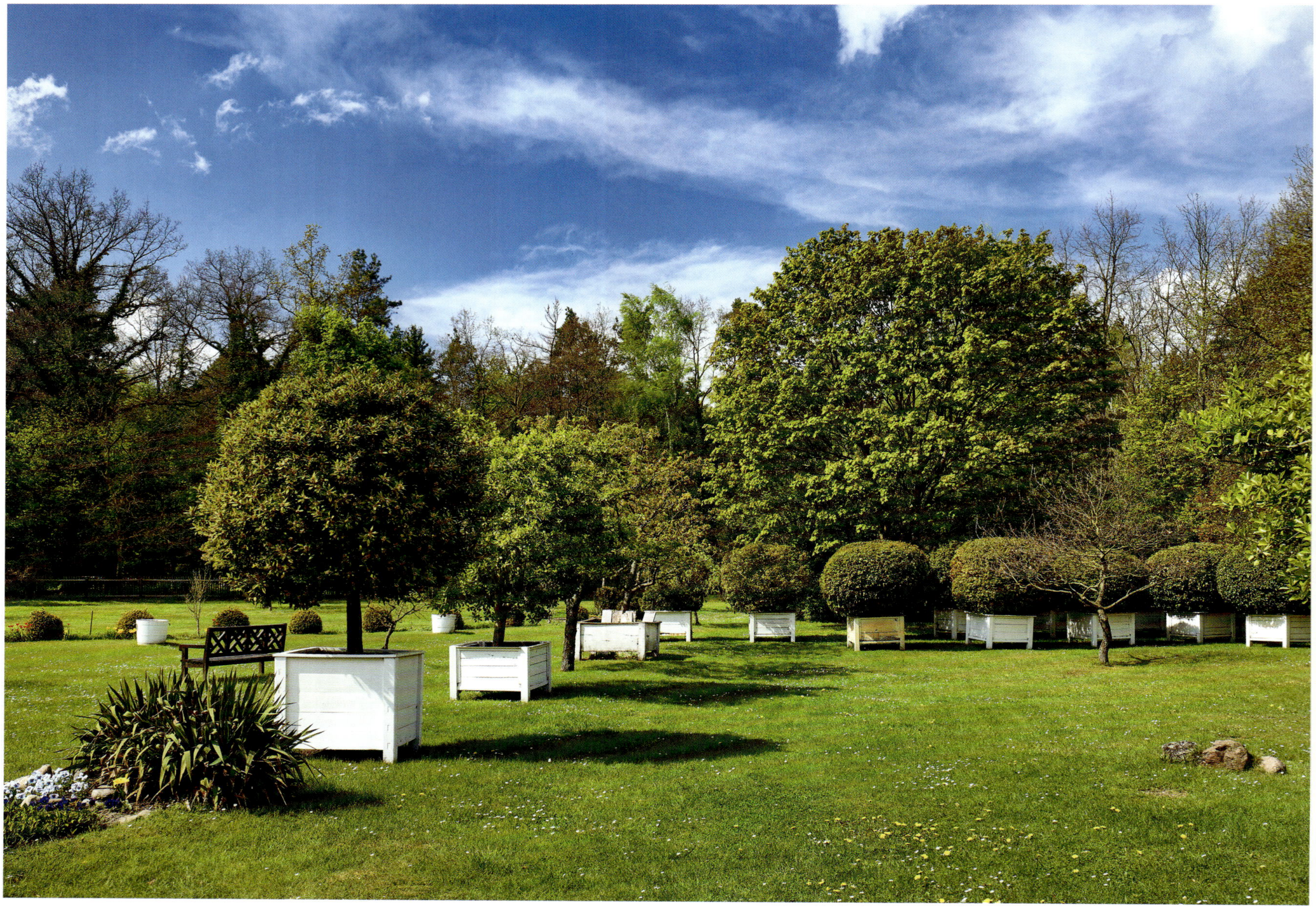

Chinesische Pagode

Prinzessin Catharina von Oranien-Nassau wurde 1659 durch Heirat Fürstin von Anhalt-Dessau. Nach der Hochzeit ging der Ort Nischwitz in ihren Besitz über. Ab 1673 wird er unter dem heutigen Namen in den Kirchenbüchern geführt.

Der niederländische Baumeister Cornelis Ryckwaert wurde mit der Planung und Umsetzung des barocken Ensembles von Stadt, Schloss und Park Oranienbaum beauftragt. Obwohl die Fürstin in ihrem Testament verfügte, dass der Park nicht verändert werden darf, begann ihr Sohn 1708 mit Umbauten. Wegeführungen, Pflanzungen und Gebäude wurden verändert.

1813 entstand die Orangerie, die damals 344 Orangenbäumen Winterschutz bot.

Schlosspark Oranienbaum

Die einzigartige englisch-chinesische Gestaltung, die sich auf dem Areal des ehemaligen Inselgartens entwickelte, wurde durch den Urenkel der Fürstin, Fürst Franz, veranlasst.

Das Gartenhaus auf einer der Inseln verwandelte sich in einen chinesischen Teepavillon. Eine fünfgeschossige Pagode wurde auf einem künstlichen Hügel errichtet.

Zierliche exotische Tritte überwinden Hindernisse. Brücken queren die Vielzahl der Wasserwege, die ursprünglich an die niederländischen Kanäle erinnern sollten.

Schlosspark Oranienbaum

# Park Wörlitz

Mit den Wörlitzer Anlagen, dem künstlerischen Höhepunkt des Gartenreiches Dessau-Wörlitz, entstand ein Gesamtkunstwerk, das Gartengestaltung und Architektur in bisher nicht gekannter Harmonie vereinigte. Der Garten gilt als Inbegriff der Aufklärung in Deutschland. Ab 1764 ließ Leopold III. Friedrich Franz von Anhalt-Dessau (1740–1817) den Landschaftsgarten im englischen Stil anlegen. Von Beginn an waren die Wörlitzer Gärten für jedermann frei zugänglich, sodass das kleine Fürstentum zum Reiseziel bedeutender Zeitgenossen und zum Vorbild für viele weitere Parkanlagen wurde.

Park Wörlitz

◀◀◀
Das Schloss, das 1771/72 nach Plänen des Architekten Friedrich Wilhelm von Erdmannsdorff errichtet wurde, war das erste klassizistische Landhaus. Es ist untrennbar mit den Wörlitzer Anlagen verbunden.

Bereits mit der Modellierung des Wörlitzer Sees aus einem Altarm der Elbe wurde das Leitthema des Gartenreichs umgesetzt, die Verbindung des Nützlichen mit dem Schönen. Der See, der über Kanäle mit den Wasserflächen des Großen und des Kleinen Walllochs in Verbindung steht, dient nicht nur der erholsamen Gondelfahrt und der Fischerei, er ist auch Lebensader der Flächen, die an seine Ufer grenzen.

Im Wörlitzer Park verbinden sich die Gestaltungen von Natur, Kunst und Technologie des Handwerks zu einer genialen Einheit. Park und Landschaft ergänzen sich wie Gebäude und Artefakte durch Sichtachsen zu einem einmaligen Ganzen.

◄ Roseninsel im Wörlitzer See

◄ Amtsfähre

▼ Neue Brücke

Park Wörlitz

Die fünf Einzelgärten werden durch Sichten, Wege, Brücken und Fähren verbunden. Inhaltlich unterscheiden sie sich durch die immer besser werdende Umsetzung der Landschaftsgärtnerei.

Dem Fachmann gelingt es, die suchenden Anfänge aus der Mitte des 18. Jahrhunderts von der hohen Schule der Landschaftsgärtnerei im ausgehenden 18. Jahrhundert zu unterscheiden. Der Laie lässt sich von der Schönheit im Detail begeistern und wird vielleicht nicht bemerken, wie sehr er dabei durch das Gartenreich geführt wird.

◄▲

Monument

▲

Pantheon

◄

Blick zum Landhaus

►

Rousseau-Insel

►►

Blick zum Palmenhaus und Floratempel

Die Vielzahl der Brücken vermittelt den damaligen Stand der Technik und zeigt Möglichkeiten kreativer Gestaltung. Jede hat ihren eigenen Charakter, ist schön anzuschauen und nützlich für die Überquerung der Wasserwege. Alle gemeinsam erfüllen sie den pädagogischen Anspruch der Anlage.
Die Funktion der Wege wird besonders in Schochs Garten nacherlebbar, weil sie in fast jeder Biegung ein planmäßig gestaltetes Garten- oder Landschaftsbild öffnen.

◄◄
Elysium in Neumarks Garten

◄
Warnaltar

◄▼
Toleranzblick

▼
Gotisches Haus in Schochs Garten, Westseite

▼
Wachhaus mit dem Pferde

▼►
Diana

Park Wörlitz

Bei jeder Tages- und Jahreszeit wird der Besucher eine andere Stimmung im Park erleben. Die unzähligen blühenden Krokusse auf den Frühlingswiesen sind so sehenswert wie die großen Blüten der Magnolien am Gotischen Haus oder vor dem Schloss. Die kräftige Färbung der Rhododendren im Mai am Kuhstall begeistert ebenso wie die herbstliche Tönung der Farne, über die sich Diana auf ihrem Sockel erhebt.

Blühende Krokusse im Park

Rhododendronblüte

Diana, Göttin der Jagd

Park Wörlitz

Villa Hamilton auf der Insel Stein im Wörlitzer See

▼
Schloss und St. Petri Kirche im Schlossgarten

In Einzelgärten, in und an den Gewässern wurden Parkarchitekturen errichtet, die untereinander durch Sichtachsen in Verbindung stehen. Erdmannsdorff nutzte bei den Entwürfen Reiseeindrücke, um den Bauten eine Form zu geben, die den großen Ideen seines Auftraggebers entsprach.

▶ Rotes Wallwachhaus am Großen Walloch

◀ Eisenhart in Neumarks Garten

▼ Gotisches Haus in Schochs Garten

Das Wetter ist steter Begleiter des Parks. Nicht jeder Tag kann mit strahlendem Sonnenschein aufwarten. Bei leichtem Sommerregen finden die Spaziergänger Schutz unter den Kronen der Bäume und können die Spuren beobachten, die der Regen zurücklässt.

Manchen Wettersituationen möchte der Parkbesucher lieber nicht ausgesetzt sein. Der Aufenthalt in der Auenlandschaft oder im Park bei Gewitter, das die Wasseroberfläche der Kanäle zum Vibrieren bringt und die Wege für kurze Zeit unpassierbar macht, ist nur beim Betrachten der Fotografien romantisch.

◀ Kleines Walloch

▶ Wolfsbrücke

▶▶ Das Landhaus (Gartenseite)

▼ Am Fließgraben bei Gewitter

Park Wörlitz

Die unterschiedlichsten Stimmungen hält der Herbst bereit, weil Dunst und Nebel diese Jahreszeit begleiten. Je nach Tageszeit wird der Besucher mit atmosphärischen Ansichten belohnt. Mal bestimmt Unschärfe die Eindrücke, dann wieder die Harmonie der Färbung oder das besondere Licht der tiefer stehenden Sonne, die den Nebel plötzlich färbt.

▲

Eiserne Brücke

◄

Blick vom Pantheon zur Eisernen Brücke

▼

Synagoge

Selbst im Winter verzaubert der Park seine Gäste. Die sonst strahlenden Gebäude, Statuen und Brücken wirken zurückhaltend, wenn Raureif oder Schnee ihr Weiß über alles legen. Das Beet am Blumentheater wirkt dann wie ein rätselhafter Teppich.

Wenn es der Wintersonne gelingt, Licht auf die Gebäude des Parks zu lenken, heben sie sich im warmen Gelb deutlich vom kalten Umfeld ab.

◄

Blick zum Floratempel, links im Vordergrund die Palladiobrücke

►

Venustempel

◄▼

Nymphe (Muschelmädchen)

▼

Blumentheater im Winter

# Gartenträume-Orte in Sachsen-Anhalt

**Weitere Informationen**
Gartenträume – Historische Parks in Sachsen-Anhalt e. V.
Tel.: (0391) 593 42 52
www.gartentraeume-sachsen-anhalt.de

**Informationen zum Reiseland Sachsen-Anhalt**
Investitions- und Marketinggesellschaft Sachsen-Anhalt mbH
Tel.: (0391) 568 99 80
www.sachsen-anhalt-tourismus.de

# Inhalt

Christian Juranek: „Hier ist's jetzt unendlich schön …" – Gartenträume in Sachsen-Anhalt ... 5

Ein Garten-Traum ... 6

Heike Tenzer: Sachsen-Anhalt – Ein gartenhistorischer Streifzug ... 8

## Alles zu Nutzen. Von der Faszination der Pflanzen ... 10

Schlosspark Krumke ... 12

Schlosspark Harbke ... 16

Brockengarten, Wernigerode (Brockenplateau) ... 21

Klostergärten Michaelstein, Blankenburg (Harz) ... 26

Stiftsgärten Quedlinburg ... 32

Europa-Rosarium Sangerhausen ... 38

Botanischer Garten Halle (Saale) ... 45

Kurpark Bad Schmiedeberg ... 48

Kurpark Bad Dürrenberg ... 52

Domgarten Naumburg ... 56

## Inszenierte Geschichte. Besondere Menschen und ihre Gärten ... 60

Gutspark Schönhausen ... 62

Stadtpark Tangerhütte ... 66

Parkanlagen in Burg (bei Magdeburg) ... 70

Schlosspark Ilsenburg (Harz) ... 75

Klostergärten Drübeck ... 79

Landschaftspark Spiegelsberge, Halberstadt ... 82

Roseburg, Ballenstedt Rieder ... 87

Schlosspark Ballenstedt ... 93

Landschaftspark Degenershausen ... 98

Schlossgärten Stolberg (Harz) ... 102

Schlosspark Köthen ... 106

Schlosspark Ostrau ... 111

Historische Kuranlagen und Goethe-Theater Bad Lauchstädt ... 117

## Urbane Oasen. Vom Traum des Grüns in der Stadt ... 122

Wallanlagen Gardelegen ... 124

Herrenkrugpark Magdeburg ... 128

Elbauenpark Magdeburg ... 133

Stadtpark Rotehorn Magdeburg ... 136

Klosterbergegarten und Gruson-Gewächshäuser, Magdeburg ... 140

Gärten und Parks in Aschersleben ... 145

Reichardts Garten Halle (Saale) ... 151

Amtsgarten Halle (Saale) ... 154

## Mit Kutsche und Krone. Gärten des Adels ... 158

Gutspark Briest, Tangerhütte ... 160

Barockgarten Hundisburg, Landschaftspark Althaldensleben ... 165

Schlossgärten Wernigerode ... 168

Schlossgärten Blankenburg (Harz) ... 179

Schlosspark Pretzsch (Elbe) ... 186

Irrgarten im Gutspark Altjeßnitz ... 190

Schlosspark Dieskau ... 195

Barockgarten und Landschaftspark St. Ulrich, Mücheln (Geiseltal) ... 198

Schlosspark Burgscheidungen ... 202

Schlossgarten Merseburg ... 206

Schlosspark Moritzburg Zeitz ... 210

## Ferne Welten ganz nah. Das Gartenreich Dessau-Wörlitz ... 217

Schlosspark Mosigkau, Dessau-Roßlau ... 218

Kühnauer Landschaftspark, Dessau-Roßlau ... 223

Park Georgium, Dessau-Roßlau ... 228

Park Luisium, Dessau-Roßlau ... 239

Sieglitzer Berg, Vockerode ... 244

Schlosspark Oranienbaum ... 252

Park Wörlitz ... 260

Gartenträume-Orte in Sachsen-Anhalt ... 286

Quellen ... 288

Impressum ... 288

# Quellen

Die Einführungstexte zu den Parkanlagen wurden von der Investitions- und Marketinggesellschaft Sachsen-Anhalt mbH mit freundlicher Unterstützung des Vereins Gartenträume – Historische Parks in Sachsen-Anhalt e. V. zur Verfügung gestellt.

Alle weiteren Texte © Janos Stekovics

**Weiterführende Literatur**

Brumme, Hella: Europa-Rosarium. Ein Führer durch das Rosarium Sangerhausen. 2. Auflage, Dößel 2010.

Das ganze Land ein Garten. Das Gartenreich Dessau-Wörlitz. Mit einer Einführung von Thomas Weiß, Fotografien von Janos Stekovics. Dößel 2016.

Eger, Christian (Hg.): Fort, fort, der Südost fliegt gerade über Wörlitz! Der Garten und seine Dichter um 1800. 2. Auflage, Dößel 2002.

Hasert, Eva-Maria: Schloss Wernigerode. 7. Auflage, Dößel 2016.

Hillger, Andreas; Stekovics, Janos: Über die elysische Landschaft. Dößel 2016.

Hirsch, Erhard: Kleine Schriften zu Dessau-Wörlitz. Dößel 2011.

Hirsch, Erhard: Von deutscher Frühklassik. Ein Dessau-Wörlitz Lese- und Quellenbuch, chronologisch geordnet. Dößel 2016.

Hirsch, Erhard: Dessau-Wörlitz. Aufklärung und Frühklassik. 2. Auflage, Dößel 2013.

Hirsch, Erhard; Scholtka, Annette: Dessau und das Dessau-Wörlitzer Gartenreich. 3. Auflage, Dößel 2019.

Juranek, Christian (Hg.): Fülle des Schönen. Gartenlandschaft Harz (= Edition Schloß Wernigerode, hg. von Christian Juranek, Bd. 6). Halle an der Saale 2002.

Köhler, Marcus; Haase, Christoph: Die Gärten Peter Joseph Lennés im heutigen Polen. Eine Spurensuche jenseits von Oder und Neiße. Dößel 2016.

Schweinitz, Anna-Franziska von: Waldersee und Vater Franz. Vom Unglück der nichtehelichen Geburt. Dößel 2017.

Thoms, Hilde: Der Klostergarten Michaelstein. Dößel 2005.

Volk, Sabine; Lustig, Monika; Sosnitza, Simon: Kloster Michaelstein. 2. Auflage, Dößel 2018.

Weiß, Thomas (Hg.); Stekovics, Janos: Wörlitz | Eine Annäherung. Dößel 2017.

Weiß, Thomas (Hg.); Stekovics, Janos: Flora • Fauna • Gartenfreude. Das Gartenreich Dessau-Wörlitz im Kreislauf der Natur. UNESCO Welterbe. Dößel 2015.

Werner, Anke: Gartenträume. Historische Parks in Sachsen-Anhalt. 3. Auflage, Dößel 2015.

# Impressum

Diese Publikation wurde vom Land Sachsen-Anhalt gefördert.

Bibliografische Information der Deutschen Nationalbibliothek
Die Deutsche Nationalbibliothek verzeichnet diese Publikation in der Deutschen Nationalbibliografie; detaillierte bibliografische Daten sind im Internet über http://dnb.dnb.de abrufbar.

Herausgegeben von Christian Juranek in Verbindung mit Heike Tenzer, Katrin Dziekan, Felicitas Remmert und Stephanie Elgert

Titelbild: Schlafender Hermaphrodit auf einer Insel im Wallwitzsee
Frontispiz: Floratempel im Park Wörlitz
S. 60/61: Fortuna im Park der Roseburg, Ballenstedt Rieder
S.: 122/123: Der Adolf-Mittag-See im Stadtpark Rotehorn in Magdeburg
Rückseite: Barockgarten Hundisburg

Redaktion, Fotografie, Bildauswahl, Gesamtgestaltung und Layout: Janos Stekovics
Fotografien S. 22–25 außer S. 22 u. (2): Dr. Gunter Karste
Übersichtskarte S. 286: © Gartenträume – Historische Parks in Sachsen-Anhalt e. V.
Lektorat: Ulrich Steinmetzger

3. Auflage
© 2020, VERLAG JANOS STEKOVICS
Straße des Friedens 10 · 06193 Wettin-Löbejün OT Dößel
Telefon: (03 46 07) 2 10 88 · Fax: (03 46 07) 2 12 03
E-Mail: verlag@steko.net · Internet: www.steko.net

Das Werk einschließlich aller seiner Teile ist urheberrechtlich geschützt. Jede Verwertung außerhalb der engen Grenzen des Urheberrechtsgesetzes ist ohne Zustimmung der Rechtsinhaber unzulässig und strafbar. Das gilt insbesondere für Vervielfältigungen, Übersetzungen, Mikroverfilmungen und die digitale Speicherung sowie Verarbeitung.

ISBN 978-3-89923-424-4

edition GartenReich · Band 4